VIVEZ VOTRE VIE *en mieux* !

Direction de la publication :
Isabelle Jeuge-Maynart et Ghislaine Stora

Direction éditoriale :
Aurélie Starckmann

Édition :
Laure Sérullaz,
avec la collaboration de Cécile Beaucourt

Relecture et correction :
Laurence Alvado

Conception graphique et mise en page :
Claire Morel Fatio

Couverture :
Aurore Élie

Fabrication :
Emilie Latour, Donia Faiz

ISBN : 978-2-03-597140-1

Margaux Caput

VIVEZ VOTRE VIE *en mieux* !

Toutes les astuces pour une vie meilleure !

LAROUSSE

SOMMAIRE

PRÉFACE 8

ET SI ON FAISAIT LE POINT ? 13

Astuce n° 1 :
Toujours commencer par lister ce que l'on ne veut pas 16

À la recherche du moment parfait 18
Vivre pour soi-même 20
Est-ce que je vis par et/ou pour les autres ? 21

Astuce n° 2 :
L'égoïsme de survie 24

Le Karma Yoga, ou yoga de l'action désintéressée 26
Les différents types de relations 29

Astuce n° 3 :
Attention... le moustique est discret ! 34

Témoignage intergénérationnel :
Une relation amoureuse, qu'est-ce que c'est ? 36

À chacun sa vie ! 44
Les problèmes de fertilité 48
Analyser pour mieux avancer 49
Ami ou copain ? 51

Astuce n° 4 :
Téléphone, dis-moi comment je vais ! 56

***Témoignage personnel :* S'aimer soi-même** 60

VOUS AVEZ DIT « MOTIVATION » ? 65

Un vaut plus que zéro 67
Les outils à votre disposition 68

Témoignage personnel : La nourriture et moi 70

Astuce n° 5 :
C'est parti pour un rééquilibrage alimentaire ! 71

Le plaisir de lire 79

Témoignage personnel :
Une croyance négative bien enracinée 83

Quand Instagram attaque notre estime de soi 85

Astuce n° 6 :
Se débarrasser de ses croyances négatives 87

Le pouvoir de la deadline illustré par le NaNoWriMo 90
Motivation et… 97

Astuce n° 7 :
Identifier précisément le circuit de la récompense 99

Et si on changeait de personnalité ? 101

Astuce n° 8 :
Rester motivé pendant une remise en forme 110

Quand la vie devient dure 112
Le lâcher-prise 113

Astuce n° 9 :
Pour apporter plus de bonheur à notre quotidien… 116

Astuce n° 10 :
Voir le positif dans les traumatismes de la vie ... 122

Les sept étapes du deuil ... 124
Kintsugi ... 127

LA QUESTION DU TEMPS ... 129

***Témoignage personnel :* Mon livre et moi** ... 130

Il est essentiel de dormir suffisamment ... 133

Astuce n° 11 :
Pour mieux dormir ... 135

Analyser la situation ... 138
Le temps, c'est de l'argent ... 140

Astuce n° 12 :
Le planning inversé ... 141

Supprimer l'inutile ... 144

Astuce n° 13 :
Passer moins de temps sur son téléphone ... 148

Optimiser ... 150
Mini-guide de survie
à destination des maladroits de la spatule ... 152
Acheter du temps ... 153
Attention ! ... 154

***Témoignage personnel :* Trouver l'équilibre** ... 155

Témoignage intergénérationnel :
Carrière, équilibre et indépendance ... 156

Se lever plus tôt ... 162

Témoignage personnel : Ce jour où tout a changé 163

Astuce n° 14 :
Réussir à se lever tôt 167

Bullet Journal, agenda et autres to-do lists 176
La charge mentale 177

Astuce n° 15 :
Décomposer ses objectifs 180

Maîtrisez vos listes ! 185
Bullet Journal 2.0 193

Témoignage personnel :
Pourquoi j'utilise un Bullet Journal 195

Témoignage personnel :
La liste de courses partagée 198

Gagner du temps quand on a du mal à se décider 199
La détox digitale 201

Témoignage personnel : Maux de nuque, de dos, migraine et autres troubles du sommeil 203

Astuce n° 16 :
Quelques applications pour déconnecter 204

Simplifier 207
Le minimalisme pour les nuls 208

Astuce n° 17 :
Limiter facilement ses déchets 213

Le phénomène des tiny houses 216

CONCLUSION 219

PRÉFACE

Félicitations, vous venez de prendre une bonne décision, car ce livre va vous aider à vivre votre meilleure vie ! Ce n'est ni une blague ni une exagération.

Si vous suivez mes aventures sur Internet, vous me connaissez déjà. Pour les autres, voici un aperçu de mon histoire... Je m'appelle Margaux et je vis actuellement ma meilleure vie : celle qui me correspond et que je désire réellement. Mais ça n'a pas toujours été le cas... Il y a quelques années, après des études en école de commerce et un CDI en finance décroché avant même d'être diplômée, je pensais avoir tout pour être heureuse. Vous êtes peut-être en train de vous dire que j'exagère... « Franchement, elle n'a pas honte de se plaindre ? Un travail et un toit sur la tête, c'est déjà bien ! » Et je suis d'accord avec vous : je n'avais pas à me plaindre et je ne le faisais pas. Mais je n'étais pas particulièrement heureuse non plus. J'avais des journées à rallonge, deux heures de transports en commun par jour (si tout allait bien), pas de week-ends ni de vacances parce que je les consacrais entièrement à tourner des vidéos pour alimenter ma chaîne YouTube (créée dès ma première année en école supérieure pour partager bons plans, conseils et surtout exprimer ma créativité), trop de stress et une irritabilité croissante à force d'accumuler des nuits de sommeil trop courtes.

Ça vous rappelle quelque chose ? **La bonne nouvelle, c'est que j'ai réussi à changer mon quotidien.** En parallèle de mon travail en entreprise, j'ai développé une communauté soudée autour d'une thématique : le mieux-être. Je me suis mise à en parler de manière totalement naturelle, probablement parce que c'était ce dont j'avais cruellement besoin. Il me fallait plus de temps pour

moi, de l'air, moins de stress. Toutes les semaines, une nouvelle vidéo de conseils, d'astuces ou de retours d'expériences sortait, et des retours de plus en plus nombreux venaient compléter mes propos. Au bout de plusieurs mois d'une étrange double vie, entre tableurs Excel et photos Instagram, j'ai fini par atteindre mes limites. Physiquement. Et j'ai été contrainte de prendre une décision.

S'en est suivi l'aventure la plus incroyable de ma vie : mon quotidien est toujours chargé, je ne vais pas vous mentir, mais désormais, j'apprécie mes journées. Aujourd'hui, je dirige ma propre entreprise, je travaille sur des projets qui me plaisent, avec des gens drôles et enrichissants, j'ai fait des rencontres exceptionnelles, voyagé dans des endroits magnifiques et j'ai plus grandi en l'espace de trois ans que je ne l'aurais cru possible.

Le plus beau dans tout ça, c'est que si j'ai réussi à améliorer ma vie, vous pouvez y arriver aussi. Tout le monde peut vivre sa meilleure vie.

À l'heure où j'écris ces lignes, nous sommes plus de 400 000 à échanger quotidiennement sur cette thématique. Il était temps de synthétiser tout ça et de me lancer dans un nouveau projet : créer un ouvrage qui aiderait le plus grand nombre à changer sa vie, un peu, beaucoup ou complètement !

N'ayez pas peur, vous êtes totalement maître de ce qui va se passer. Il s'agit de votre vie. Vous pouvez tout choisir : quand changer, quoi changer, et même si vous allez changer quoi que ce soit ! Je souhaite réellement qu'à la fin de la première partie de ce livre, vous vous rendiez compte que vous n'avez rien à changer du tout, que vous êtes déjà parfaitement heureux. Mais si ce n'est pas le cas, sachez tout d'abord que ce n'est pas grave, que vous êtes loin d'être seul, que tout humain normalement constitué est déjà passé par là, que ce n'est pas définitif, et surtout que ce livre est fait pour vous. On va y arriver, ensemble.

De la fin de la procrastination à l'organisation pour réduire le stress en passant par la bienveillance envers soi-même ou encore une alimentation plus saine mais rapide, facile et économique, **préparez-vous à vivre une grande aventure faite de conseils, d'astuces, de check-lists et de témoignages.** Celle qui va vous aider à vivre votre meilleure vie ! C'est parti !

ET SI ON FAISAIT **LE POINT ?**

Avant de plonger dans le vif du sujet, il est important que l'on évoque la même chose. Quand je vous parle de vivre « sa » meilleure vie, il s'agit de la vie qui nous correspond, que l'on désire réellement vivre. Par conséquent, la meilleure vie de mon conjoint est différente de ma meilleure vie, qui est différente de la vôtre. Tout dépend de ce que vous aimez, de ce qui vous fait peur, de ce que vous trouvez agréable ou lassant. Par exemple : le summum du bonheur à vos yeux, c'est peut-être une soirée télé-pizza entre amis ou alors un saut en parachute offert à l'occasion de votre anniversaire. Vous voyez ? C'est excessivement différent et j'ai fait exprès de grossir le trait, mais c'est pour que vous compreniez bien que **vous avez le choix.**

Si j'insiste sur cette notion de choix, c'est parce que la société nous formate depuis que nous sommes tout petits. Si je vous demande laquelle des deux personnes suivantes a le mieux réussi sa vie, vous répondrez plus probablement « oui » au profil « mariée, maman de deux enfants, propriétaire d'une jolie maison, en CDI » qu'à celui de « célibataire, sans enfant, hébergé gracieusement, free-lance », parce qu'il correspond à ce qu'on nous apprend être « la réussite ».

Pourtant, cette mère de famille est peut-être coincée dans un travail ennuyeux, déprimée de ne pas voyager et croule sous les remboursements de son emprunt immobilier, là où le globe-trotter se prépare à réaliser son plus grand rêve : partir en voyage autour du monde (il n'a pas d'appartement pour économiser un loyer et travaille en free-lance pour continuer à gagner de l'argent, ce qu'il pourra faire même à l'autre bout de la planète).

Ne vous fiez pas aux apparences et prenez du recul entre ce que la société et votre éducation définissent comme une vie réussie et ce que vous désirez au plus profond de vous. De même, faites la différence entre ce que vous voulez et ce que vous pensez vouloir... parce que c'est ce qu'on vous murmure à l'oreille depuis toujours.

Arrivés à l'âge adulte, la spontanéité et l'insouciance enfantine nous ont généralement quittés, si bien qu'il peut être difficile de décrire à quoi ressemblerait le summum de notre bonheur. C'était une de mes grandes difficultés. À chaque fois qu'on me demandait ce que je voulais faire plus tard, comment je me voyais dans cinq ans, pourquoi je ne me sentais pas heureuse alors que j'avais tout pour, je ne savais absolument pas quoi répondre. Pas le début d'un soupçon d'idée : le néant. Donc, si vous vous sentez perdu, si vous ne savez pas par où commencer : ne vous inquiétez pas, j'ai quelques astuces qui vont vous aider à y voir plus clair rapidement !

ASTUCE N°1

TOUJOURS COMMENCER PAR LISTER CE QUE L'ON NE VEUT PAS

Il est souvent plus facile de **déterminer ce qui ne nous plaît pas** que ce que l'on apprécie. Pourquoi ? Sincèrement, je n'en sais rien, toujours est-il que l'espèce humaine semble être particulièrement douée pour se plaindre (à l'international, on vous dira même que les Français en sont les champions incontestés). Nous allons donc mettre cette merveilleuse capacité à profit ! **Prenez de quoi noter** et listez tout ce que vous ne voulez pas dans votre journée. Faites-vous plaisir : c'est votre liste et personne ne la lira. Vous manquez d'inspiration ?

VOICI QUELQUES PROPOSITIONS...

Prendre les transports en commun, la voiture, rester à la maison ; travailler en bureau, en open space, en extérieur ; être en contact avec d'autres personnes, être seul ; jongler avec des chiffres, gérer des clients ; parler une autre langue, voyager régulièrement ; travailler sur ordinateur ; commencer tôt, finir tard ; avoir un chat/chien/hamster ; que quelqu'un dépende de moi, ne pas voir ma famille, voir ma famille (quand je vous dis que personne ne lira votre liste !) ; avoir chaud, avoir froid ; ne pas avoir quatre saisons marquées ; faire à manger, manger en extérieur ; lire, regarder la télévision…
Vous voyez comme d'un seul coup vous visualisez très bien ce que vous ne voulez surtout pas dans votre vie ? Efficace, n'est-ce pas ?

Cette technique marche très bien pour éclaircir les grands questionnements de votre vie et réduire le nombre de vos options. Par exemple, au lieu de vous demander « quelles études est-ce que je veux faire ? », réfléchissez plutôt à « quelles études est-ce que je ne veux surtout pas faire ? », puis à « quel métier ne me correspond pas ? » à la place de « quel métier pourrais-je faire ? »

LISTE DE CE QUE JE NE VEUX PAS

- ....
- ....
- ....
- ....
- ....
- ....
- ....
- ....
- ....
- ....
- ....
- ....
- ....
- ....
- ....
- ....
- ....
- ....
- ....
- ....

À LA RECHERCHE **DU MOMENT PARFAIT**

Je vous demande de respirer un grand coup : une grande inspiration, une grande expiration. Dans quelques instants, vous allez lever le voile sur votre avenir. Je répète, sur **votre avenir**. Car une fois que vous aurez visualisé votre moment parfait, nous allons lui faire prendre vie.

1 Ce « moment parfait » commence quelque part. Est-ce en ville ? En forêt ? À la plage ? Chez vous ? Dans votre maison d'enfance ? Dans un lieu que vous n'avez pas encore visité ?

2 Durant ce « moment parfait », faites-vous quelque chose. Est-ce que vous discutez ? Si oui, de quoi ? Vous observez ? Vous fabriquez, mangez, buvez, dansez, chantez, apprenez, lisez, travaillez, dessinez, visitez, étudiez, jouez ? Peut-être que vous n'êtes pas seul, qu'il y a quelqu'un avec vous. Qui est-ce ? Y a-t-il plusieurs personnes ?

3 Pendant ce « moment parfait », quelle sensation éprouvez-vous ? Quel sentiment ? Quelle émotion voulez-vous ressentir ? Du calme, de l'adrénaline, de l'amour, de la joie, de la force, de la fierté, être libre, être en paix ?

Souvenez-vous, ce moment parfait n'appartient qu'à vous. **Ne portez sur lui aucun jugement, il est tout simplement ce dont vous avez besoin en ce moment.** Peut-être qu'il reflétera votre solitude ou votre fatigue, votre désir d'évasion ou de sensations fortes. Dans quelques jours, semaines ou mois, votre moment parfait sera probablement différent.

Avant de changer ma vie, mon moment parfait ressemblait à : « un week-end en famille, avec mon compagnon et ma meilleure amie, sans penser au travail, sans répondre à mes e-mails ». Aujourd'hui, ce serait plus : « être allongée sur un transat, la mer à perte de vue, le bruit des vagues et le bruissement des feuilles pour seule compagnie, un bon livre à mes côtés et l'assurance de retrouver ceux que j'aime dans quelques heures pour dîner ». Ne vous étonnez pas s'il évolue. Puisque vous-même, vous changez, il n'y a pas de raison pour qu'il reste le même. Il est ce qu'il est : **unique et changeant, comme vous.**

« Tous, nous serions transformés si nous avions le courage d'être ce que nous sommes. »

MARGUERITE YOURCENAR

Vous venez de visualiser votre moment parfait, il nous faut désormais l'étendre à toute votre vie. Et ce n'est pas si simple. Soyons réalistes, on peut difficilement passer toute sa vie sur un transat à fixer l'horizon. J'écris actuellement ces mots, assise face à mon ordinateur, une minerve autour du cou, par un temps pluvieux. Mais il n'empêche que je vis ma meilleure vie. Ne soyez pas étonné que ma meilleure vie puisse se conjuguer avec « torticolis » : **il ne faut pas confondre « meilleure vie » et « vie parfaite »**. Dans la vie, il y a des hauts et des bas. Je vous souhaite un maximum de hauts et un minimum de bas, mais tout ne se passera pas comme prévu et il vous arrivera d'être triste, en colère, fatigué, malade, déprimé. Nous sommes humains. Nous ne sommes pas parfaits. Souvenez-vous : **vous n'aurez pas « la » vie parfaite, mais une vie parfaite pour vous.**

VIVRE **POUR SOI-MÊME**

Êtes-vous de ceux qui vivent pour eux-mêmes ou pour les autres ? J'ai longtemps appartenu à la seconde catégorie. Je ne me rendais pas compte que je prenais la majorité de mes décisions (et en particulier les décisions importantes) pour les autres. Pour ma famille, mes amis, mon conjoint. Mes désirs, mes envies, mes aspirations passaient au second plan, jusqu'à disparaître si loin que je me suis perdue en chemin. Le plus impressionnant là-dedans, c'est que personne ne m'a jamais forcée dans mes décisions. J'ai moi-même décidé inconsciemment de passer au second plan : parfois parce que je voulais faire plaisir, d'autres fois parce que je ne voyais pas vraiment quelles autres options s'offraient à moi. Tout un pan de ma vie s'est créé de cette façon : du choix de ma LV2 jusqu'à mes études supérieures, **j'ai oublié l'essentiel : me demander ce que, moi, je voulais.**

Est-ce que je vis par et/ou pour les autres ?

Voici un florilège de comportements typiques... Cochez les cases si vous vous reconnaissez !

☐ J'accepte de garder le chien de la voisine alors que j'ai peur des chiens (parce que je veux avoir de bonnes relations de voisinage).

☐ Je disparais totalement de la vie de mes amis dès que je suis en couple.

☐ Je fais systématiquement passer les envies des autres avant les miennes (au point que je ne sais parfois plus de quoi j'ai envie).

☐ Je laisse des personnes me donner leur avis sur ma façon de vivre, même si je ne leur ai rien demandé.

☐ Je passe des heures au téléphone avec des amis qui ont besoin de parler, mais ne répondent jamais présents en retour quand j'ai besoin d'eux.

☐ Je pense que l'égoïsme est le pire des défauts (parce que je ne sais pas en faire preuve, mais aussi parce qu'au fond je suis un peu jaloux de ne pas m'autoriser à passer en premier, tandis que d'autres n'ont aucun problème à profiter de ma gentillesse).

... La liste est longue !

J'ai tout de même la chance d'avoir été orientée par des personnes de confiance qui n'avaient que mon bien-être et mon succès personnel comme objectif (mais selon LEURS critères de « réussite »). Qu'on se comprenne bien, je n'accuse personne et je ne me plains pas : ces choix n'appartenaient qu'à moi et je ferais les mêmes si tout devait recommencer. Non pas parce que je crains ce qui pourrait m'arriver si je choisissais différemment, mais parce que, aujourd'hui, je n'ai aucun regret : **je sais que tout ce que j'ai vécu de bon et de moins bon m'a menée à cet instant précis où je me sens parfaitement et totalement en accord avec qui je suis.**

Il est important de trouver un équilibre et de vivre aussi pour soi-même. Nous avons des aspirations, des valeurs, des envies qui nous sont propres et qui influent sur notre bonheur. « Le bonheur, c'est lorsque vos actes sont en accord avec vos paroles », a joliment dit Indira Gandhi. J'ajouterais même « et en accord avec vos aspirations personnelles ». **Ne négligez pas vos besoins, vos envies et vos aspirations, ils contribuent à faire de vous qui vous êtes.**

Ne pas se forcer à faire les choses pour les autres permet aussi de ne pas finir aigri. Vous ne voyez pas le lien ? Si demain, je vous prépare un super déjeuner pour vous faire plaisir et que je n'obtiens en retour ni compliment ni remerciement (quelle impolitesse !), vous ne pensez pas que je vais être déçue ? Je risque non seulement de m'en vouloir, mais de vous en vouloir aussi. Vous en vouloir pourquoi ? Parce que vous ne me remerciez pas pour quelque chose que vous n'aviez pas demandé ? **Attention à ne pas attendre trop des autres, au risque d'être profondément déçu et de finir par vous blâmer** (« J'ai perdu mon temps pour rien, je n'ai même pas obtenu de reconnaissance, je n'existe pas à ses yeux, ce n'était peut-être pas bon, ce que je fais n'est pas assez bien… »). **Agissez autant que possible pour vous-même… mais restez bienveillant et respectueux envers les autres.** Car après un extrême (vivre pour les autres et par les autres), il serait dommage de tomber dans l'autre ! Une petite dose d'égoïsme savamment distribuée n'a jamais tué une relation. J'ai bien dit une PETITE dose. C'est ce que j'appelle « l'égoïsme de survie », celui qui vous permet de rester sain d'esprit, de ne pas dépendre affectivement d'une personne ou d'un groupe de personnes, et de ne pas avoir l'impression que le monde s'écroule le jour où ils sortent de votre vie.

ASTUCE N°2

L'ÉGOÏSME DE SURVIE

Si vous faites partie de la catégorie des gens qui vivent pour et par les autres, votre salut viendra du si redouté « égoïsme ». Au risque de vous étonner, je trouve personnellement qu'à petite dose, l'égoïsme est salvateur. Sans lui, vous passerez le reste de votre vie à répondre aux besoins des autres et (pour que vous saisissiez bien mon propos…) à vous laisser marcher dessus comme un vieux paillasson tout crasseux.

VOICI LES QUESTIONS À SE POSER AVANT DE RÉPONDRE À UNE SOLLICITATION EXTÉRIEURE :

➧ Est-ce que j'ai envie de le faire (attention, je parle bien d'envie et pas de **besoin** ou **d'obligation**) ?

➧ Est-ce que je le fais pour moi ?

➧ Est-ce que j'ai le temps de le faire ?

Si vous répondez non à deux des questions ou plus, je vous conseille de refuser poliment. En particulier si vous n'avez pas réellement de temps à consacrer à ce qu'on vous demande : vous allez stresser à cause du délai imparti et vous allez littéralement perdre votre temps. Pour rappel, s'il en est besoin, sachez qu'on ne le rattrape jamais. Une fois passé, il est parti pour toujours et ne reviendra pas. Choisissez donc avec attention comment le dépenser !

Bien sûr, cet égoïsme de survie ne doit pas être appliqué à la lettre dans votre milieu professionnel. Adaptez ces conseils et évitez d'annoncer de but en blanc à votre employeur que vous ne voulez pas travailler sur tel dossier ou avec telle personne. Vous risqueriez de faire face à de lourdes conséquences ! Rien ne vous empêche toutefois de noter mentalement que les demandes de votre supérieur ne correspondent pas à vos aspirations et d'établir un nouveau plan de carrière (ou de prendre rendez-vous avec lui pour mettre calmement les choses à plat) si vous constatez que la majorité de votre journée est constituée d'obligations qui vous pèsent. Cependant, **nous n'allons pas nous mentir : même dans votre meilleure vie, il y aura des contraintes !** Moi, par exemple, je n'ai pas envie de passer deux heures à répondre à mes e-mails chaque jour ou de faire mes déclarations administratives mensuelles, mais il faut bien que ce soit fait. Or, jusqu'à preuve du contraire, aucune personne de confiance ne va se porter volontaire pour gracieusement le faire à ma place. Et pourtant, je vous assure que je vis ma meilleure vie actuellement. J'ai conscience de ma chance malgré ces obligations et je ne pourrais pas être plus heureuse dans l'état actuel des choses. Par ailleurs, un peu de contrainte donne plus de saveur aux moments de liberté. Si vous pouviez passer la totalité de vos journées à vous prélasser, vous finiriez par trop vous ennuyer !

Pour pousser plus loin la distinction entre égoïsme et égoïsme de survie, je vous invite à continuer à faire de temps en temps de bonnes actions mais, et c'est très important, **sans rien en attendre en retour**. C'est quand on espère quelque chose de ses bonnes actions qu'on risque de se faire mal (et, éthiquement, peut-on réellement parler de « bonne action » si on l'accomplit dans le but d'être remercié, admiré, glorifié ? Est-ce qu'une bonne action ne devrait pas plutôt être désintéressée ?).

Le Karma Yoga, ou yoga de l'action désintéressée

Le mot « yoga » vient de la racine sanskrite *yuj* qui signifie « unir, union ». Le yoga est une discipline ancestrale qui vise à atteindre l'harmonie avec l'Univers (cet état d'extase est appelé Samadhi).

En Occident, quand on dit « yoga », on visualise un enchaînement de postures compliquées nécessitant une souplesse incroyable. En réalité, il ne s'agit que d'une toute petite partie d'un yoga occidentalisé à l'extrême.

Le yoga est en réalité constitué de huit étapes qui fixent notamment **des règles de conduite morale, éthique et d'autodiscipline** qui permettraient d'atteindre Samadhi :

- **Yama :** en lien avec la société, ce sont des normes éthiques (non-violence, honnêteté, fait de ne pas voler, économie d'énergie, non-convoitise).
- **Niyama :** lié à l'ego, au soi, ce sont des règles d'autodiscipline (propreté, contentement, discipline, connaissance de soi, avoir confiance en sa bonne étoile).
- **Asana :** les fameuses postures.
- **Pranayama :** la respiration yogique (la pratique des asanas suit le rythme de la respiration et il existe une multitude d'exercices de contrôle de la respiration).
- **Pratyahara :** le retrait des sens, qui permet de prendre du recul pour nous observer nous-mêmes.
- **Dharana :** la concentration qui permet de fixer son attention sur un objet (l'esprit peut encore vagabonder, mais il est ramené consciemment sur l'objet choisi).
- **Dhyana :** l'état méditatif devient une concentration ininterrompue, on ne voit plus que l'objet.
- **Samadhi :** l'état d'extase, on ne fait plus qu'un.

Dans la tradition yogique, il existe quatre voies :

- **Jnana Yoga :** le yoga de la sagesse, du savoir et des recherches philosophiques.
- **Raja Yoga :** le yoga méthodique, qui vise à contrôler l'esprit (les yogas comme le Hatha Yoga ou l'Ashtanga Yoga appartiennent à cette catégorie).
- **Bakhti Yoga :** le yoga de la dévotion.
- **Karma Yoga :** le yoga de l'action désintéressée.

Selon cette dernière philosophie, pour que votre karma en ressorte grandit, il faut que la bonne action soit altruiste, détachée de ses conséquences positives. C'est ainsi que, d'après le Karma Yoga, tant que vous espérez retirer quelque chose de votre bonne action, celle-ci ne vous apportera... rien du tout !

Vous l'avez compris, **il s'agit de trouver un équilibre entre qui l'on est et ce que l'on peut apporter aux autres et à la société, de connaître ses limites et surtout de les respecter.** Si vous craignez qu'une de vos relations ne comprenne pas que vous ne soyez plus à sa disposition et qu'à terme vous la perdiez, j'ai envie de vous dire : bon débarras. Si cette personne ne veut pas comprendre que vous faites des efforts pour être plus heureux, c'est probablement parce que votre bien-être lui importe peu. Cette relation toxique qui vous demande de l'énergie et attend de vous toujours plus (d'efforts, de temps, de présence…) libérera de l'espace dans votre vie, espace que vous pourrez remplir comme bon vous plaira. **Un nouveau souffle s'offre à vous !**

LES DIFFÉRENTS TYPES **DE RELATIONS**

Une relation, pourvu qu'elle soit entretenue depuis quelque temps, vous tient *a priori* à cœur. Ou bien êtes-vous un brin masochiste ? Notez bien que je ne vous juge pas.
Il existe une multitude de relations, probablement même autant que d'individus, mais certaines catégories semblent se détacher du reste et nous allons les décrypter rapidement.

LA RELATION FAMILIALE

On ne choisit pas sa famille, mais si tout s'est passé à peu près normalement jusqu'à votre majorité (les occasionnelles mises au coin, remontrances et autres punitions pour mauvais comportements ou mauvaises notes en faisant partie), vous ne devriez pas avoir trop de problèmes à côtoyer régulièrement ses membres et même à y trouver un certain plaisir. Je sais que, pour moi, les liens du sang sont tellement forts que je ne me vois pas du tout rompre contact (ça me fait froid dans le dos de l'imaginer !), même temporairement. Cela dit, tout le monde n'est pas à ma place et si, de votre côté, vous avez vécu des moments difficiles ou même un traumatisme lié à votre famille, **personne ne s'étonnera (ni ne vous jugera) si vous décidez de prendre vos distances (ponctuellement ou de façon permanente) avec un ou plusieurs de vos proches.**

LA RELATION D'ENFANCE

C'est cette personne que vous connaissez depuis presque toujours (au choix : depuis la crèche, la maternelle, l'école primaire ou même le collège. Peut-être même que vos parents étaient amis à l'origine !). Soit vous êtes comme frère et sœur, soit la nostalgie d'un temps révolu vous maintient en contact. Vous n'avez plus nécessairement de points communs en dehors de vos **souvenirs mutuels** qui ont le bon goût de vous rappeler que vous n'êtes pas seul, que vous avez passé de bons moments en grandissant et qui vous permettent de vous remémorer mutuellement le bon vieux temps.

LA RELATION AMICALE ADULTE

C'est l'ami que vous avez choisi et qui a **des centres d'intérêts en commun** avec vous, celui qui est partant pour un restaurant, habite à côté (ou pense à vous prévenir quand il passe dans le quartier), vous accompagne volontiers au cinéma ou à la dernière exposition en vogue. Une chouette personne.

LE MEILLEUR AMI / LA MEILLEURE AMIE

C'est la personne avec qui vous vous entendez parfaitement : il n'y a presque jamais de prise de bec (si ce n'est aucune, ce qui ne vous empêche pas de ne pas toujours être d'accord), vous rigolez avec plaisir à ses blagues, vous avez en commun des références que vous seuls pouvez comprendre, **vous pouvez tout vous dire, et si vous aviez un jour à passer un coup de fil depuis la prison (en dehors de votre avocat !), ce serait cette personne de confiance, jamais là pour juger mais toujours pour aider, que vous appelleriez.** Avec ma meilleure amie, nous avons le sentiment d'avoir tout vécu : rencontre à l'étranger plutôt mitigée, puis une amitié fusionnelle un an plus tard, des fous rires en pagaille pendant quelques années et enfin 12 000 kilomètres entre nous qui n'ont pas réussi à nous éloigner. On se retrouve toujours avec délice et tout reprend comme si on ne s'était jamais séparées. J'aime l'appeler mon âme-sœur féminine parce que je sais qu'on se comprend parfaitement sans avoir besoin de s'expliquer, qu'on s'accepte exactement comme on est, qu'on se soutient et que

ce sera le cas toute notre vie. Aujourd'hui, on aime à se raconter qu'avec un peu de chance, la vie nous laissera vieillir, qu'on atterrira dans la même maison de retraite où les courses en déambulateur constitueront une partie de notre quotidien. Pour le reste, on se re-racontera nos vies. De A à Z. En embellissant les passages qui nous arrangent. Et en supprimant ceux qui nous déplaisent. L'autre saura ce qu'il en est vraiment.

LA RELATION AMOUREUSE

Je reviendrai dessus en détail plus tard, notamment avec les conseils de quatre générations de femmes (de mères en filles !), et je ne pense pas avoir réellement besoin de vous faire un dessin. Vous avez très bien compris de qui il s'agit si vous avez cette personne dans votre vie (il va sans dire que, pour chacune des relations que je mentionne dans cette partie, vous pouvez ne pas en avoir, par choix ou parce que la vie en a décidé ainsi).

LA RELATION PROFESSIONNELLE

C'est une personne rencontrée sur le lieu de travail, avec qui vous vous entendez bien, mais **avec laquelle vous avez du mal à vous projeter en dehors du boulot** justement (probablement parce qu'elle vous rappellerait trop la présentation du lundi ou l'Excel de reporting en cours). Le Français moyen passe quand même sur son lieu de travail près de huit heures par jour, du lundi au vendredi, pendant quelques dizaines d'années de carrière. Cela laisse du temps pour faire des rencontres ! Et l'on peut y créer de solides relations, tant qu'elles ne sont pas entachées par la course à la plus grosse augmentation ou par le jeu de qui-décrochera-la-promotion...

L'AMI D'AMI OU L'AMI DE CONJOINT

On commence ici à toucher au cercle des connaissances éloignées (je range dans une autre catégorie les gens que l'on côtoie régulièrement sans vraiment chercher à les connaître, comme les commerçants). Cette personne prendra peut-être plus de place dans vos relations avec le temps, surtout s'il s'agit d'un ami de votre conjoint et que ce dernier souhaite vous présenter l'un à l'autre (il espérera sans doute que vous vous entendiez bien et, en bonne personne que vous êtes, vous allez lui laisser sa chance s'il a tant d'importance à ses yeux).

LE PARASITE

Il peut appartenir à n'importe laquelle des catégories précédentes. Même le meilleur ami ou la relation amoureuse (bien que je ne vous le souhaite pas, vous méritez mieux : une relation à double sens par exemple). Combien de fois a-t-on vu quelqu'un se démener pour son ami(e) en ayant rarement (si ce n'est jamais) un retour d'ascenseur ? Si vous êtes dans cette situation, cela ne veut pas dire pour autant que vous avez tort et que vous devez vous séparer de cette personne. D'après moi, **les parasites amicaux se scindent en deux catégories : les chenilles et les moustiques.** Vous allez comprendre très vite. La chenille est ce pote un peu lourd, qui vous demande trop de services, qui est un peu trop collant, mais avec qui vous rigolez bien et qui reste agréable tant que vous ne le voyez pas trop souvent ou trop longtemps. Le moustique, c'est celui qui vous pompe votre énergie, vous rabaisse l'air de rien, critique vos façons de faire sans jamais vous proposer d'autres solutions et ne supporte pas quand vous êtes heureux. Le premier peut rester dans votre vie parce qu'au final, vous l'appréciez pour ce qu'il est. Vous avez conscience qu'entre vous, ça n'ira pas plus loin, vous n'essayez pas de le changer et vous, êtes mutuellement satisfaits. Le second est à bannir de votre existence de toute urgence et sans état d'âme : il ne vous apporte rien d'autre qu'une perte de temps monumentale et une estime de vous-même ravagée.

ASTUCE N°3

ATTENTION... LE MOUSTIQUE EST DISCRET !

Alors, comment identifier facilement un moustique (c'est-à-dire une relation toxique) et l'empêcher de vous vider de votre substance ?
Autant il n'est pas souhaitable de basculer dans la suspicion permanente (en voyant des manipulateurs et des pervers narcissiques à chaque coin de rue), autant il est important d'être attentif aux signes qui ne trompent pas.

Si avec cette personne :

☐ vous éprouvez un malaise, même subtil.

☐ vous ressentez de la tristesse ou de la déception envers vous-même après l'avoir vue.

☐ vous avez l'impression d'être son faire-valoir.

☐ vous ne parlez que d'elle.

☐ vous être pris d'une grande fatigue (vous êtes prêt à faire la sieste à 15 h tellement vous êtes épuisé).

☐ vous ne vous souvenez plus de la dernière fois où vous avez ri ensemble.

☐ vous devez l'écouter critiquer et dénigrer vos autres relations (familiales, amicales et amoureuses) et la voir tenter de vous isoler en vous coupant d'eux (rabaisse vos amis, vous encourage à quitter le conjoint, fait des crises de jalousie).

- [ ] votre comportement personnel a changé radicalement (vous vous renfermez alors que vous étiez extraverti, vous parlez moins…).

- [ ] vous vous sentez perdu, déboussolé sans réussir à mettre le doigt sur ce qui ne va pas chez vous (et c'est peut-être justement parce que ce n'est pas vous, le problème !).

- [ ] la relation vous paraît trop belle pour être vraie (cette personne vous porte aux nues de façon excessive).

Alors suivez votre instinct et **fuyez le plus loin possible de cette personne qui ne veut pas votre bien** : reprenez contact avec votre entourage (ou tous ceux dont vous vous êtes éloigné à cause de votre moustique), retrouvez le soutien de vos proches et n'hésitez pas à aller consulter un thérapeute qui vous aidera non seulement à y voir plus clair, mais aussi à poser des mots sur ce que vous avez vécu et à apprendre à avancer pour repartir de plus belle dans votre vie.

Témoignage intergénérationnel

UNE RELATION AMOUREUSE, QU'EST-CE QUE C'EST ?

Je reçois énormément de questions sur la vie de couple : comment l'améliorer, comment sauvegarder l'amour, comment continuer à vivre en tant que couple quand on est devenus parents… Mais je ne me vois pas comme une référence dans ce domaine : du haut de mes presque 30 ans, je n'ai pas assez de vécu pour pouvoir répondre honnêtement à toutes ces questions. Ainsi, je préfère me tourner vers celles qui ont répondu à mes interrogations au fil des années : ma mère, ma grand-mère et mon arrière-grand-mère. Elles ont toutes trois accepté de se prêter au jeu et je les en remercie ! Ensemble, nous vous proposons de découvrir nos différentes visions du couple, façonnées par nos histoires et l'époque à laquelle nous les avons vécues.

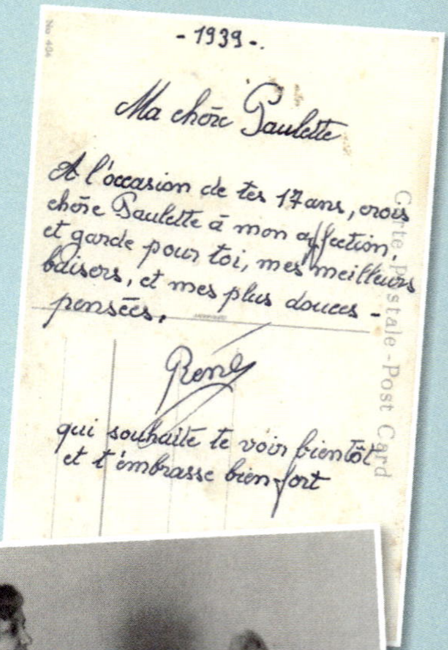

Paulette, 97 ans

MARIÉE DEUX FOIS, DIVORCÉE, PUIS VEUVE

Amoureuse à 17 ans, j'ai vécu une parfaite idéalisation de l'autre : de longues distances nous séparaient durant l'Occupation et seule une correspondance amoureuse régulière nous réunissait dans un bel idéal. L'éloignement faisait grandir notre amour, j'en veux pour preuve les cartes postales que nous échangions et que nous avons conservées.

Le courrier a pu maintenir notre amour platonique de 1939... à 1942 ! C'était une autre époque : les 300 kilomètres qui nous séparaient se parcouraient à bicyclette, les escapades en tandem... Il fallait avoir l'insouciance de notre jeunesse pour croire en un bel avenir ! Il s'en est suivi des fiançailles à 19 ans, puis un mariage d'amour à 20 ans.

Que croyais-tu avant de démarrer la vie de couple ?

Je voyais ma future vie « en rose », pour reprendre la chanson de Piaf. Je pensais gagner en liberté en quittant le giron familial. En réalité, je troquais l'autorité paternelle contre l'autorité de mon mari. Cette idée fausse de croire à un amour qui rendrait la vie belle s'est transformée en une « existence au garde-à-vous ». Finalement, dans la vie quotidienne, tout nous opposait : le caractère, la conception des choses importantes... Au bout de 17 ans de vie commune, avec deux enfants, le divorce à l'amiable était la seule issue. Puis il y a eu un nouvel amour, une nouvelle vie qui me correspondait totalement... Hélas, je suis devenue veuve trop rapidement (à 46 ans), avec le goût amer de l'injustice.

Quel conseil amoureux donnerais-tu à ton moi de 20 ans ?

Prends le temps de papillonner avant de te poser : c'est important de connaître réellement la personne avec laquelle on envisage de faire sa vie. À mon époque, c'était plus compliqué.

Hormis l'amour (sentimental et charnel), quels sont les trois piliers d'un couple qui dure ?

Il est difficile pour moi de trouver les trois piliers du couple qui dure (puisque je suis divorcée, puis veuve), mais je crois à une bonne entente, à la bienveillance et certainement à la volonté d'avancer ensemble.

Si tu ne devais conseiller qu'une seule chose pour être heureux en couple, qu'est-ce que ça serait ?

D'en profiter, de créer des souvenirs ! On ne sait pas combien de temps ça durera.

Éliane, 74 ans

55 ANS DE MARIAGE

À l'âge de 18 ans, je suis partie m'installer seule en Algérie dans le cadre de la Coopération culturelle (période qui a suivi l'indépendance de l'Algérie). J'étais ce que l'on appelle civilement « une jeune femme émancipée » : mes parents m'avaient officiellement autorisée à voler de mes propres ailes (la majorité étant encore fixée à 21 ans à l'époque), ce qui était nécessaire pour enseigner en Algérie aussi jeune. En 1964, c'était au tour de l'homme que j'aimais de prendre de la distance avec les siens pour me rejoindre en Algérie. On s'était rencontrés quelques mois plus tôt au bal, en France, pendant les vacances d'été. Il était impossible à cette époque de vivre en union libre. Nous nous sommes donc mariés en Algérie en toute originalité : des témoins, des collègues, mais pas un membre de nos familles, qui étaient trop éloignées.

Que croyais-tu avant de démarrer la vie de couple ?

« La vie en couple est un long fleuve tranquille… » Je me suis mariée rapidement et sur un coup de foudre. Mais les premiers tracas sont vite arrivés : pas tant dans notre vie de couple, car nous partagions un vrai bonheur (en 1965, nous étions désormais trois, une petite fille était arrivée), mais à cause de tracas. Plus il y a de soucis et plus ça pèse sur le couple. Mais ça rapproche aussi. À deux, c'est mieux.

Quel conseil amoureux donnerais-tu à ton moi de 20 ans ?

Pour que ta vie se passe encore mieux, reste dans une dynamique positive, c'est-à-dire avance en cherchant le meilleur pour chacun de vous deux. Finalement, après 55 ans de mariage, nous ne modifierions rien au parcours que nous avons eu.

Hormis l'amour (sentimental et charnel), quels sont les piliers d'un couple qui dure ?

Je pense qu'il faut maintenir l'alchimie d'attirance le plus longtemps possible, mais aussi réussir à accepter ensemble les mauvais moments (pour pouvoir avancer). Et surtout partager avec bonheur les bons côtés de la vie (pour créer de bons souvenirs).

Si tu ne devais conseiller qu'une seule chose pour être heureux en couple, qu'est-ce que ça serait ?

Savoir que des concessions seront obligatoires : rien ne sert de se prendre trop la tête, car le temps passe vite et, au final, on ne garde que les bons moments partagés. Quand le demi-siècle est dépassé, après un si long parcours, on ne peut que penser à vieillir tranquillement ensemble, en conservant tous les bons souvenirs.

Sylvie, 54 ans

33 ANS DE VIE COMMUNE, DONT 29 ANS DE MARIAGE

J'ai eu la chance de vivre dans une famille où l'on se parle et où l'on ne se cache pas grand-chose, si ce n'est pour se protéger les uns les autres. J'ai vécu dans un cadre où le couple parental est le pilier, quitte à ce que les enfants se sentent un peu exclus. J'en ai parfois souffert, mais c'était surtout extrêmement rassurant de grandir dans ce contexte, car chacun y était à sa place. Le couple formé par mes parents m'a construite et donné envie de former le mien. Je me voyais mariée et pour toujours, avec des enfants. Comme eux. J'ai rencontré celui qui est devenu mon mari par hasard, pendant des vacances entre amies et, après 4 ans de vie commune, nous avons fait deux grands pas d'un coup : je voulais un enfant,

il voulait se marier. Nous avons eu de la chance puisque nous avons pu réaliser rapidement nos deux rêves : personne d'autre que nous ne le savait mais, le jour de notre mariage, nous attendions notre premier enfant !

Que croyais-tu avant de démarrer la vie de couple ?

Peut-être que j'ai idéalisé la relation de couple en ce qui concerne l'écoute et le respect de l'autre : je n'avais pas mesuré la nécessité de prendre en compte les désirs de l'autre. Je pensais que c'était facile, naturel. Or il s'avère que, pour durer, rien n'est vraiment naturel ni facile. C'est une lutte, mais qui en vaut la peine !

Quel conseil amoureux donnerais-tu à ton moi de 20 ans ?

De ne pas avoir peur de l'avenir. Je n'aimerais pas revivre mes 20 ans, je me souviens d'avoir eu en moi beaucoup d'inquiétudes, d'incertitudes. J'avais l'impression de ne pas vivre pleinement. Je me souviens bien de ce sentiment d'insatisfaction, mais aussi de mes rêves. Mes 20 ans, c'est aussi l'époque de la découverte de l'existence du VIH... Difficile d'avoir une vie amoureuse épanouie dans ces conditions !

Hormis l'amour (sentimental et charnel), quels sont les piliers d'un couple qui dure ?

Soutien, complicité et admiration. Avec ces différents principes, je pense que les concessions viennent plus facilement. Un couple qui dure sait prendre en compte l'autre tel qu'il est. Il est nécessaire d'avoir des amis chacun de son côté, en plus des amis communs, de rester soi-même tout en faisant des concessions.

Si tu ne devais conseiller qu'une seule chose pour être heureux en couple, qu'est-ce que ça serait ?

Ne pas oublier, pour ceux qui décident d'avoir des enfants, qu'avant de former une famille, on est un couple. Donc se préserver de sa progéniture en s'aménageant des temps à deux, des week-ends et même des vacances, si on peut les faire garder. Pour continuer à avancer ensemble, il faut faire régulièrement le point sur la route parcourue à deux et constater qu'il reste encore beaucoup de belles choses à découvrir ensemble.

Margaux, 28 ans

4 ANS DE VIE COMMUNE

Comme vous pouvez le constater, j'ai l'immense chance d'avoir grandi dans une famille épanouie. Les trois générations de femmes qui m'ont précédée m'ont beaucoup apporté, y compris sur le plan amoureux : quand il y a tant d'expériences partagées, on peut prendre plus de recul sur les situations que l'on traverse. J'ai rarement été seule dans ma vie d'adulte et j'ai enchaîné les relations longues. J'ai toutefois fini par comprendre qu'avant de pouvoir aimer l'autre pour ce qu'il est, j'avais besoin d'apprendre à m'aimer d'abord. J'ai volontairement passé quelques mois en célibataire et j'ai découvert que je ne serai jamais seule dans la vie. Que je serai toujours là pour moi. C'est à cette période que j'ai rencontré par hasard celui qui partage ma vie depuis quelques années maintenant.

Que croyais-tu avant de démarrer une vie de couple ?

Je pensais qu'il fallait prendre sur soi pour que ça fonctionne. J'ai vu tellement de compromis entre mes parents que j'ai cru que ce serait évident. Au final, j'en faisais constamment, mais mes précédents compagnons n'avaient pas ce même réflexe. Résultat, je me sentais négligée, exploitée et mon estime personnelle n'était pas fantastique... Après quelques mois de célibat choisi, j'ai découvert que, quand on rencontre une personne qui a des valeurs similaires (comme l'équilibre dans les tâches ménagères), tout est facilité.

Quel conseil amoureux donnerais-tu à ton moi de 20 ans ?

Ne te prends pas trop au sérieux ! Sors plus, fais-toi des amies en dehors de ta relation, entretiens ton indépendance et passe du temps de qualité avec toi-même. On n'est jamais aussi épanoui en couple que quand on est épanoui soi-même. Être en couple ne sert pas à réparer un problème personnel !

Hormis l'amour (sentimental et charnel), quels sont les piliers d'un couple qui dure ?

La communication, pour ne pas se faire une montagne d'un problème qui peut être réglé en cinq minutes. L'indépendance, pour continuer à vivre pour soi et ne pas s'oublier dans sa relation. Retrouver chez l'autre les valeurs qui nous sont essentielles : on peut faire des efforts pour l'autre, mais il est difficile de faire durer une relation quand ces efforts vont contre notre nature.

Si tu ne devais conseiller qu'une seule chose pour être heureux en couple, qu'est-ce que ça serait ?

Partager du temps de qualité ensemble (discuter, se projeter, partir en vacances...), pour vivre avec *l'autre et pas* à côté *de l'autre (en particulier si vous partagez déjà vos journées de travail).*

À CHACUN **SA VIE !**

Et si on arrêtait une bonne fois pour toutes de se comparer perpétuellement aux autres et de rentrer dans une compétition malsaine ? Cela pourrait améliorer grandement, d'une part, l'état de nos relations et, d'autre part, notre état d'esprit. L'état de nos relations parce que, sans compétition, il n'y a ni gagnant ni perdant : au revoir les petites rancœurs parce qu'untel a décroché une meilleure note ou que sa nouvelle maison est plus grande que la vôtre. Notre état d'esprit parce qu'en se comparant sans cesse aux autres, on assimile implicitement que l'on doit passer par les mêmes étapes, faire les mêmes choses, si possible en mieux.

Vous ne voyez toujours pas où est le problème ? C'est peut-être parce que le modèle classique de réussite correspond à vos aspirations : études, carrière (métro, boulot, dodo), acheter une résidence principale, avoir un enfant (ou plusieurs), puis prendre une retraite bien méritée. Seulement, si vous avez intrinsèquement besoin d'autre chose, d'une vie qui ne correspond pas à ce modèle à 100 %, mais que vous ne vous écoutez pas, vous risquez au mieux de vous sentir à l'étroit, au pire d'être carrément malheureux. Mettons que vous ne vouliez pas acheter de résidence parce que vous préférez voyager un maximum (et vous n'avez besoin de justifier votre choix auprès de personne), que vous ne voulez pas d'enfant (et vous n'avez toujours pas besoin de justifier votre choix auprès de quelqu'un), ou que vous souhaitiez réduire votre impact environnemental au minimum en construisant votre propre *tiny house* (vous l'avez deviné : toujours pas besoin de vous justifier !), eh bien, ne vous forcez pas. Vous avez la chance de savoir ce que vous voulez, faites en sorte de vous approcher de votre idéal de vie !

En somme, vivez votre propre vie, aussi extravagante ou simple soit-elle, et pas celle de quelqu'un d'autre. Soyez fier de vous, parce que vous vous engagez auprès de vous-même à vivre une

vie en accord avec qui vous êtes : votre meilleure vie. Oscar Wilde le résume joliment : « Soyez vous-même, les autres sont déjà pris ! »

FONDER... OU NE PAS FONDER UNE FAMILLE

Avoir des enfants, c'est une étape incontournable pour beaucoup dans la vie. Mais nous faisons aussi partie de cette génération pour laquelle avoir une descendance n'est plus nécessairement une évidence.

Même si ce n'est pas encore socialement intégré (et respecté), **avoir un enfant en France aujourd'hui relève normalement d'un choix.** Nous disposons de moyens de contraception efficaces, de solutions d'urgence et de structures faites pour renseigner et accompagner. À partir du moment où nous avons le contrôle sur notre corps en tant que femme, nous avons la capacité de ne jamais procréer si nous ne le voulons pas.

Je constate de plus en plus parmi mes amis en âge d'avoir une descendance que **la réponse à cette question n'est pas si évidente.** Nous en discutons parfois et sommes plutôt étonnés de constater que nous ne sommes pas les seuls à nous interroger. La remarque qui revient, c'est l'absence de choix réel des générations précédentes : entre le modèle traditionnel de la famille bien ancré et l'évidence selon laquelle la contraception permettait de choisir *quand* on allait procréer et pas *si* on allait le faire (ce qui est une nuance énorme), la question ne se posait pas. Évidemment, des couples ont déjà fait par le passé le choix de ne pas avoir d'enfant, mais cette option n'était pas socialement valable. Il suffit de voir ce qu'on entend encore aujourd'hui quand on évoque ses doutes : « tu changeras d'avis », « moi aussi, à ton âge… », « je n'ai pas fait d'enfant pour ne pas être grand-mère/grand-père ! », « mais qui s'occupera de toi quand tu seras vieux/vieille ? », « c'est égoïste de ne pas faire d'enfant ! » Édifiant.

Il y a, selon moi, trois catégories de couples :
- ceux qui ne veulent pas d'enfant avec certitude ;
- ceux qui ne sont pas encore décidés ;
- ceux pour lesquels la parentalité est une évidence.

Les couples qui décident de ne pas avoir d'enfant avancent généralement trois arguments principaux :
- cela prend trop de temps ;
- cela coûte trop d'argent ;
- l'environnement dans lequel on vit n'est pas propice.

Les deux premiers sont des évidences. Tout dépend de ce que l'on est prêt à mettre dans la balance : bien sûr qu'on va passer du temps à s'occuper de ce petit être et qu'en conséquence on en aura

moins pour soi. Évidemment que cela coûtera de l'argent : l'enfant est un nouveau membre de la famille qu'il faudra, entre autres, nourrir, habiller, distraire… Et qui dit nouveau membre à charge dit moins de budget à dépenser pour soi (pensez à vous renseigner sur les aides auxquelles vous avez droit pour limiter la casse). Ces deux premiers arguments ont toujours existé. Ce qui est nouveau pour notre génération, c'est que l'**on peut désormais s'inquiéter à juste titre du monde dans lequel naîtrait cet enfant** : la communauté scientifique prévient depuis des décennies de la gravité de la situation environnementale. Nous ne sommes désormais plus en mesure d'affirmer que nos enfants auront une meilleure vie que la nôtre, ou même une aussi bonne vie. Par conséquent, beaucoup de couples craignent d'exposer leur hypothétique progéniture à un monde en proie au réchauffement climatique et aux conséquences sociales que cela pourrait entraîner.

Vous vous demandez peut-être qu'elle est ma position sur le sujet, mais vous la connaissez déjà en partie : c'est d'avoir le choix. Je sais que j'aurais normalement des enfants un jour, je ne suis juste pas encore tout à fait prête à bouleverser ma vie. J'ai bien conscience que, pour ceux qui ont hâte de devenir parents, une telle position peut être difficile à comprendre. Mais sachez qu'il **ne s'agit en aucun cas d'un jugement porté sur vos choix de vie : que vous décidiez d'avoir des enfants ou non ne concerne que vous.**

Quel que soit notre point de vue sur la question, si l'on part tous du principe qu'un enfant a besoin avant tout d'amour (au-delà de la satisfaction de ses besoins essentiels), on peut rapidement se dire que, pour qu'un parent soit en mesure de fournir cet amour à son enfant, il est en tout état de cause préférable qu'il éprouve **la volonté d'avoir cet enfant**. Il serait triste de finir par faire payer à l'enfant sa présence, alors qu'il n'a rien demandé à personne !

Les problèmes de fertilité

Si vous souhaitez avoir un enfant mais que vous rencontrez des difficultés à concevoir, sachez que vous n'êtes pas seul. On estime aujourd'hui qu'en France, 25 % des couples ont des problèmes de fertilité. C'est énorme !

Ces difficultés seraient liées à différents facteurs : l'exposition aux perturbateurs endocriniens (présents dans l'alimentation, mais aussi dans les produits d'hygiène, d'entretien ou de maquillage !), l'utilisation de la pilule contraceptive (des hormones rejetées dans les urines, une fois passées par le service de retraitement des eaux usées, arrivent jusqu'à nos robinets et sont potentiellement consommées par des hommes, ce qui sur le long terme pourrait impacter leur fertilité), les ondes (privilégiez systématiquement le mode avion pour vos téléphones la nuit ; évitez, en particulier si vous êtes un homme, de les garder dans vos poches de pantalon) et malheureusement beaucoup d'autres (pantalons trop serrés, recul de l'âge de la première conception...).

ANALYSER POUR **MIEUX AVANCER**

Nous allons maintenant passer à une étape cruciale pour vivre votre meilleure vie : faire le bilan de votre vie actuelle. Pour cela, prenez le temps de vous poser et de réfléchir à votre situation. Pour vous simplifier la tâche, je vous recommande de procéder par étapes. Découpez votre vie en plusieurs catégories : la famille, les amis, les études/le travail, les projets personnels, vos passions, votre santé, les moments les plus marquants (positifs et négatifs). Essayez, pour chaque catégorie, de décrire au mieux votre situation personnelle. Donnez-vous cinq à dix minutes pour chaque section au grand maximum. Vous pouvez faire des phrases ou dresser de simples listes. Et je me permets de vous le répéter : **vous décidez de tout**, je ne fais que donner des conseils et proposer des pistes qu'il pourrait être intéressant d'explorer, mais c'est vous qui choisissez de le faire (ou pas !).

LA FAMILLE

Mentionnez votre âge, les membres de votre famille directe (grands-parents, parents, frères/sœurs, conjoint(e), enfants, petits-enfants...), vos animaux de compagnie, votre lieu de résidence principal et ceux de votre famille.

....

....

....

....

....

....

....

....

....

LES AMIS

Il s'agit tout simplement de l'état de votre vie amicale. Est-ce que vous avez des amis ? Des copains ? Est-ce que vous les voyez rarement, tous les mois, toutes les semaines ? Est-ce qu'il est essentiel pour vous de voir vos amis tous les soirs de la semaine ? Est-ce qu'ils habitent près de vous ou bien l'éloignement est-il un obstacle pour vous voir aussi souvent que vous aimeriez ?

....

....

....

....

....

....

....

....

....

....

Ami ou copain ?

Je suis étonnée de constater que tout le monde ne connaît pas la différence entre « ami » et « copain ». D'après le dictionnaire Larousse, « copain » est un terme familier qui désigne un compagnon (de classe, de travail, de loisir...), là où un « ami » est une personne avec laquelle on est uni par l'amitié : un attachement sentimental. Ainsi l'ami est plus proche qu'un copain (bien que l'on puisse passer du bon temps avec ce dernier aussi). Au-delà d'une question de vocabulaire, je m'interroge souvent quand on me confie certaines choses : « mon amie me fait encore la tête, elle ne me parle plus depuis deux semaines », « je ne comprends pas, elle dit du mal de moi », « je n'apprécie pas toujours son comportement, elle est blessante parfois ». Si vous êtes malheureux ou attristé par le comportement de quelqu'un qui se dit votre ami, je remettrais sérieusement en question ce titre... Un ami vous soutient dans vos choix réfléchis, vous console quand vous êtes triste, vous motive quand vous êtes à plat, vous laisse vider votre sac quand vous êtes angoissé et n'hésite pas à vous dire fermement, **mais gentiment** quand vous partez trop en cacahuète. Si quelqu'un vous manque de respect ou vous fait de la peine volontairement et de façon répétée, c'est qu'il ne souhaite pas votre bien. À partir de ce constat, posez-vous une question : souhaitez-vous réellement conserver cette personne dans votre vie ?

ÉTUDES / TRAVAIL

On peut décrire sa vie scolaire, relativement rapide à exposer : dans quelle classe, quelle section suis-je ? Est-ce que j'ai redoublé ou sauté une classe ? Quel diplôme serai-je amené à avoir si tout se passe bien ? Ou bien décrire sa vie professionnelle, qui est quant à elle un peu plus complexe : où est-ce que j'ai travaillé ou été en stage ? Quel est mon employeur actuel ? Est-ce que je travaille en plus à côté ? Est-ce que je développe ma propre entreprise ? Quelle est ma journée « type » ? Mes horaires de travail ? Mon lieu de travail ? Mon poste (titre, fonctions, CDI, CDD, alternance, mi-temps, intérim) ? Est-ce que je fais beaucoup de déplacements ? Si oui, en France ou à l'étranger ? À quelle fréquence ? Quelles sont mes perspectives d'évolution ? Est-ce que je travaille en équipe ou seul ? Ai-je des collaborateurs réguliers ?

PROJETS PERSONNELS

Cette catégorie regroupe à mon sens ce que vous espérez voir prendre de l'ampleur ou se réaliser dans les prochains mois ou années. On peut y mettre aussi bien un *road trip* de trois mois en Amérique du Nord qu'une idée de business à développer (et qui passera peut-être un jour dans la catégorie « études / travail »), ou une recherche d'appartement pour un premier achat (ou votre dixième investissement immobilier, pourquoi pas !). En somme, il s'agit d'un objectif pour lequel vous devez fournir un effort afin qu'il se réalise.

....

....

....

....

....

....

....

....

....

....

PASSIONS

Lâchez-vous ! Écrivez tout ce qui vous plaît dans la vie, sans complexe. **Absolument tout**. Si vous n'avez jamais osé avouer publiquement que vous êtes absolument fasciné par les tableaux faits de cheveux humains (oui, ça existe, il y a même un musée dédié aux États-Unis dans le Missouri, le *Leila's Hair Museum*), faites-le aujourd'hui, rien que pour vous. Je ne vais pas vous dresser de liste parce qu'il m'est impossible de m'approcher du millième de la totalité des passions qui existent à travers le monde (je parie même que je ne suis pas capable d'en imaginer certaines !), mais je vais prendre mon exemple personnel : « J'adore Internet, en particulier YouTube, je regarde des vidéos de culture générale, des tutos de bricolage ou des sketchs. Mes chats réussissent à me donner le sourire, même quand ils ne font rien de spécial. J'aime cuisiner et en particulier tester de nouvelles recettes végétaliennes. Le yoga est un incontournable pour ma santé aussi bien physique que mentale, j'en ressors toujours apaisée et énergisée. Je n'imagine pas ma vie sans voyage ou découverte et j'adore créer, qu'il s'agisse de dessin, de vidéo, de photo ou… d'écrire un livre ! »

SANTÉ

Faites le point sur votre état actuel. Au-delà de l'aspect purement médical (Êtes-vous régulièrement malade ? Sortez-vous d'un traitement ? Avez-vous un bras dans le plâtre ?), observez vos habitudes de vie. Vous pouvez commencer par votre santé physique : est-ce que vous fumez ? Si oui, à quelle fréquence ? Est-ce que vous faites du sport ou une activité physique ? Régulièrement ou pas ? Est-ce que vous buvez de l'alcool ? En quelle quantité ? Est-ce que vous vous droguez ? Est-ce que vous êtes en surpoids ? Est-ce qu'il faudrait que vous preniez du poids ? Êtes-vous accro à une substance (au sucre, au gras, au sel, aux boissons énergisantes ou aux sodas pour n'en citer que quelques-unes). Côté santé mentale, comment allez-vous : est-ce que vous êtes triste ? Déprimé ? Constamment fatigué ? Euphorique ? Avez-vous des sautes d'humeur violentes au travail, envers votre famille, vos amis ? Est-ce que vous êtes accro aux écrans (téléphone, ordinateur, tablette, télévision) ? En prenant du recul, vous allez peut-être vous rendre compte de liens entre ces différentes catégories.

ASTUCE N°4

TÉLÉPHONE, DIS-MOI COMMENT JE VAIS !

Peut-être avez-vous la sensation d'être physiquement actif dans votre vie de tous les jours, même si vous n'êtes inscrit à aucun cours de sport ? Mais vous vous trompez peut-être… Bonne nouvelle ! Sur la plupart des smartphones, des applications (parfois intégrées d'office à votre téléphone, comme l'application « Santé » sur iOS) vous permettent de suivre votre activité gratuitement : votre nombre de pas quotidiens, la distance parcourue en marchant ou en courant, le nombre d'étages montés, le nombre d'heures de sommeil…

Si vous voulez aller encore plus loin, il existe aujourd'hui un grand nombre de montres connectées qui analysent encore plus d'éléments, de votre rythme cardiaque au nombre de calories brûlées pendant votre balade à vélo ou votre session de Hatha Yoga (eh oui, certaines savent faire automatiquement la distinction entre les différentes activités !). Elles peuvent même vous rappeler en vibrant de vous lever et de marcher un peu si vous êtes resté immobile trop longtemps. Un outil plutôt complet si vous avez une vie très chargée et que vous n'avez pas le temps de suivre personnellement votre activité physique !

Attention toutefois : la fiabilité des applications portables est généralement moins bonne que celle des montres spécialisées. Cela dit, c'est tout de même un bon début pour avoir une idée (même vague) de votre activité quotidienne (ou de votre manque d'activité quotidienne…).

LES MOMENTS MALHEUREUX LES PLUS MARQUANTS

Listez vos pires souvenirs ! Notez ceux qui vous viennent naturellement et en premier (personnellement, ce sont ceux qui sont les plus riches en émotion). Pour ne pas (trop) en oublier (ça vous reviendra au fur et à mesure, et parfois au détour de conversations), essayez de balayer vos souvenirs deux fois : une fois en partant de votre enfance et en allant jusqu'au moment présent et une autre fois dans le sens inverse, c'est-à-dire en partant d'aujourd'hui et en remontant le plus loin possible dans votre mémoire. Évitez cet exercice si vous êtes à un moment de votre vie où votre moral est bas. Privilégiez toujours votre santé mentale : ce n'est pas grave si, pour l'instant, vous n'établissez pas cette liste-là !

LES BONS MOMENTS LES PLUS MARQUANTS

On repart exactement de la même façon que précédemment, mais on note cette fois ce que l'on a vécu de plus positif dans sa vie. Laissez-vous aller, ça fait du bien !

L'HEURE DU BILAN

Une fois que vous avez décrit objectivement chacune de ces catégories, repassez-les une par une en revue et analysez cette fois votre ressenti avec le plus de détails possible. Est-ce que ça vous rend vraiment heureux ? Est-ce que vous aimeriez faire autre chose ? Est-ce que vous êtes déçu par votre vie sentimentale ? Est-ce que vous avez une vie sociale épanouissante ? J'insiste sur la notion de **ressenti,** car si on se contente d'analyser de façon rationnelle, on risque de passer à côté de certains indices qui nous montrent que la situation dans laquelle on se trouve n'est peut-être pas faite pour nous. Par exemple, rationnellement, votre vie de couple peut paraître réussie (vous avez quelqu'un, des projets ensemble, des attentions l'un pour l'autre), mais si, au fond, vous ressentez un malaise, alors il y a un problème.

C'est votre vie, vos besoins, il n'y a que vous qui pouvez savoir si la situation vous convient (ou pas), donc **faites-vous confiance**. Pour faire ce bilan de vos sentiments et de vos sensations, vous pouvez attribuer une note, une couleur et/ou cinq adjectifs au minimum par catégorie. Soyez le plus honnête possible envers vous-même, car ce bilan n'appartient qu'à vous et vous serez la seule personne à en connaître le contenu. Si vous avez une belle carrière, mais que vous êtes malheureux dans votre travail, n'ayez pas peur de vous le dire. Si vous regrettez de ne pas avoir plus de temps à consacrer à vos projets personnels, écrivez-le noir sur blanc.

Grâce à cette prise de recul, vous allez obtenir une nouvelle analyse, un bilan « émotionnel », vous allez mieux identifier d'où viennent vos soucis, quels aspects de votre vie vous pèsent le plus. **Il n'y a ni honte ni gêne à avoir** durant ce processus. Ce qui compte, c'est que vous posiez de bonnes bases pour mieux construire ce qui va arriver ensuite : votre meilleure vie.

Témoignage personnel

S'AIMER SOI-MÊME

Je me suis longtemps demandé pourquoi je n'étais jamais satisfaite dans mes précédentes relations de couple. J'ai compris pourquoi le jour où j'ai fini par être honnête envers moi-même : le problème était que j'avais besoin d'être seule pour apprendre à apprécier ma propre présence (plutôt que de dédier ma vie à mon couple et de ne plus exister en tant qu'individu).

C'est ainsi que j'ai pris la décision d'être seule pour la première fois de ma vie d'adulte. Moi qui avais peur de la solitude, j'ai découvert que je n'en souffrirai jamais parce que je serai toujours là pour moi.

Aujourd'hui, je reconnais et je prends en compte mon besoin d'être seule par moments. J'apprécie une sortie, un restaurant, une soirée lecture ou Netflix avec moi-même, et la relation que j'ai commencée depuis en bénéficie. Je ne compte plus sur mon partenaire pour aller mieux, me motiver ou réparer quelque chose chez moi, puisque je compte d'abord sur moi.

Je sais désormais que je suis là pour moi.

Et je sais que vous pouvez en faire de même. Si vous avez le sentiment de vous fuir, de ne pas vous aimer, de ne pas être assez bien, d'avoir besoin de quelqu'un d'autre au quotidien, prenez du temps avec vous-même. Faites comme si vous alliez sortir avec votre meilleur ami ou que vous dîniez en tête à tête amoureux.

Traitez-vous avec bienveillance, vous le méritez.

> *« Il faut savoir ce que l'on veut. Quand on le sait, il faut avoir le courage de le dire, quand on le dit, il faut avoir le courage de le faire. »*
>
> GEORGES CLEMENCEAU

Nous venons de faire le bilan de votre vie telle qu'elle est actuellement. Il est tout à fait possible que vous soyez parfaitement et totalement satisfait de ce que vous lisez sur votre feuille. Dans ce cas, je suis ravie pour vous : félicitations, vous vivez déjà votre meilleure vie ! Si vous êtes surpris d'être dans ce cas, c'est que vous êtes plutôt pessimiste au quotidien et que vous découvrez votre chance en lisant ces lignes. Je vous invite alors à vous pencher sur la notion de moment présent, que vous retrouverez dans la prochaine partie. Elle saura vous aider à être reconnaissant dans votre vie de tous les jours, et pas seulement en relisant votre joli bilan (ce qui est néanmoins un excellent début).

Pour les autres, pas de panique ! Vous êtes très loin d'être seuls, vous n'êtes pas en train d'échouer et vous n'êtes pas non plus l'éternel dernier de la classe. L'immense majorité des gens qui prendront le temps de bien faire ce bilan (c'est-à-dire qui réfléchiront en toute sincérité à leurs réponses et qui seront honnêtes envers eux-mêmes) constateront qu'ils ont une jolie marge de manœuvre avant de vivre leur meilleure vie. Et tant mieux !

Vous venez de découvrir consciemment ce dont vous vous doutiez depuis longtemps : les regrets, la rancœur, la lassitude, l'ennui et même une dépression ou un burn-out sont autant de signes que vous pouvez avoir une meilleure vie. Ce bilan vous permettra de déterminer quelle est la catégorie dans laquelle vous souhaitez le plus progresser. Vous saviez parfaitement que ça n'allait pas, mais désormais, vous avez connaissance de ce qui ne va pas.

Si vous êtes dépité parce qu'en regardant votre feuille, ce qui vous vient à l'esprit, c'est : « Ok, ça ne va pas, mais alors pas du tout, toutes les catégories sont concernées chez moi ! »... Je vous répondrai encore une fois : tant mieux pour vous ! **Peu importe d'où vous partez, tant que vous faites le choix de réellement en partir. Ça ne peut qu'aller mieux. Et ça, c'est beau !**

VOUS AVEZ DIT « **MOTIVATION** » ?

Quelle que soit votre meilleure vie, vous aurez des efforts à fournir, des tâches à effectuer, des objectifs à atteindre. Vous voulez devenir plus écolo pour vivre en accord avec vos valeurs environnementales ? Vous allez devoir changer vos habitudes. Vous aimeriez arrêter votre travail qui ne vous satisfait pas, et même qui vous plombe le moral au quotidien ? Vous allez avoir besoin d'un plan d'action précis et détaillé pour ne pas foncer dans le mur (et potentiellement entraîner toute votre famille avec vous). Vous voulez vous sentir bien dans votre peau, améliorer votre santé ? **Votre motivation sera déterminante.**

Or il se trouve malheureusement que, pauvres petits êtres humains que nous sommes, nous n'avons pas été conçus pour nager dans la perfection. Nous sommes faillibles et les occasions de renoncer à nos bonnes résolutions sont si nombreuses que nous avons souvent du mal à garder intacte notre motivation à changer. Qui n'a jamais dit au 1er janvier : « Cette année, c'est la bonne, je me mets au sport, j'arrête la malbouffe et j'économise tous les mois pour enfin partir en voyage »... pour finalement abandonner petit à petit ses objectifs au fil des semaines (voire même des jours) ?

Inutile toutefois de s'auto-flageller ! Sincèrement, quand on a à disposition des dizaines de chaînes télévisées, de radios, de séries en ligne, des centaines de milliers de vidéos sur YouTube, des milliers de livres, d'applications et de jeux de toutes sortes, que les fast-foods pullulent, que l'on peut vous livrer en vingt minutes un repas à domicile et qu'on reçoit chaque mois des dizaines

> *« Ce n'est pas parce que les choses sont difficiles que nous n'osons pas, c'est parce que nous n'osons pas qu'elles sont difficiles. »*
>
> SÉNÈQUE

de newsletters annonçant des promotions de l'extrême (« prix cassés, mais seulement pendant 48 heures, dépêchez-vous, il n'y en aura pas pour tout le monde ! »), il n'est pas étonnant que vous craquiez. Vous devriez même vous féliciter d'avoir tenu, aussi peu de temps que ce soit, et même d'avoir seulement envisagé un avenir différent durant un instant. Cela montre que, au moins, vous en avez envie. Envie de vivre une meilleure vie. Envie de faire des choix courageux. Envie de changer ! Et ce n'est pas grave si vous ne réussissez pas du premier coup : vous avez vu ce que vous devez affronter au quotidien ? Sérieusement ! Vous êtes des super-héros !

Comme tout super-héros qui se respecte, vous avez un super-pouvoir ! C'est quelque chose d'incroyable, quelque chose qui vous pousse à aller toujours plus loin et toujours plus haut, j'ai nommé – roulement de tambour : la Motivation. Avec un grand « M », c'est exact. Elle est présente chez chacun d'entre nous. Elle n'appartient qu'à nous. Et nous pouvons tous l'invoquer pour parvenir à surmonter les obstacles qui se dressent entre nous et notre meilleure vie. C'est pas beau, ça ?

Votre motivation peut aussi bien provenir de l'extérieur (vous avez une deadline à respecter, un événement important pour lequel vous voulez être au top de votre apparence physique, un ami qui vous motive à écrire en vous appelant toutes les semaines pour savoir où vous en êtes de votre roman…) que de l'intérieur (vous allez imploser si vos convictions ne s'expriment pas rapidement dans votre quotidien, vous devez changer votre alimentation sous peine d'avoir de graves problèmes de santé…). Ce qui est certain, c'est que, à moins d'être un robot, **vous avez besoin de conserver et d'entretenir cette motivation**. Car, sans elle, vous allez à un moment ou à un autre finir par vous dire qu'en réalité : « Ce n'était pas si mal avant ! Pourquoi vouloir changer à tout prix ? Allez, je m'arrête là. » Si ce revirement est un choix réfléchi et fait en conscience, il n'y a rien à y redire : vous êtes assez grand pour savoir ce qu'il y a de mieux pour vous. Seulement, j'aimerais que vous ayez l'opportunité de prendre une vraie décision plutôt que de céder face à l'ampleur de la tâche qui vous attend. **Certains changements semblent être des épreuves, mais ne sont finalement pas si compliqués à réaliser** : vous allez mettre les choses en place petit à petit, et chaque changement positif renforcera votre envie de continuer à améliorer votre vie. Donc pas de panique.

Nous allons dans un premier temps faire en sorte que cette motivation fraîchement acquise grâce au bilan que vous venez de faire de votre vie actuelle perdure. Bonne nouvelle : vous avez beaucoup d'outils à portée de main ! Vous les découvrirez dans les pages qui suivent…

Un vaut plus que zéro

Tout effort fait pour votre meilleure vie est bon à prendre. Que vous ayez l'impression de ne faire qu'un minuscule petit pas vers un mieux-être importe peu. L'important, c'est que vous avanciez. N'abandonnez jamais parce que vous avez le sentiment de n'avoir pas fait assez d'efforts. Au contraire, félicitez-vous d'avoir déjà amélioré votre vie. Cette satisfaction personnelle vous aidera à conserver votre résolution dans le temps et vous motivera à mettre en place d'autres actions qui vous seront bénéfiques. Toute tentative honnête d'amélioration est à saisir, aussi insignifiante vous semble-t-elle.

LES OUTILS À VOTRE DISPOSITION

DEVENEZ VOTRE PROPRE PARENT

Ce que j'appelle « devenir son propre parent » est un concept à la fois vaste et d'une extrême simplicité, comme vous allez rapidement le comprendre. Imaginez que, dans son caractère, l'individu ait plusieurs facettes et qu'on en retrouve systématiquement au moins deux (en différentes proportions, en fonction des personnes) : l'enfant et le parent.

L'enfant serait cette petite voix qui vous souffle que des frites ce soir, ça serait « super chouette » et que le rééquilibrage alimentaire attendra bien demain. Il peut décider aussi qu'un-épisode-de-plus-ne-fera-pas-de-mal-et-puis-encore-un-petit-et-un-dernier-pour-finir-la-saison-c'est-beaucoup-trop-cool. Ou encore se demander pourquoi faire ses devoirs tout de suite (ou sa déclaration d'impôt) alors qu'il fait si beau, qu'il y a une super émission à la télévision ou que l'aspirateur doit être passé (oui, quand on n'a pas envie de faire quelque chose, même les tâches ménagères peuvent sembler attrayantes).

> *« Ce qui sauve, c'est de faire un pas et encore un pas. »*
>
> ANTOINE DE SAINT-EXUPÉRY

C'est à cet instant que l'adulte qui est en vous devrait faire irruption, comme vos parents ont pu le faire dans votre enfance : avec fracas et en assénant des ordres. « Va te brosser les dents. Fais tes devoirs. Ne grignote pas entre les repas. Va te coucher, il est tard, et demain, tu as école ! » (Ou du travail, car oui, votre enfant intérieur peut tout à fait avoir 50 ans, c'est son attitude qui est restée au stade enfantin !)

Quand je vous recommande gentiment de devenir votre propre parent, je veux dire qu'il est temps de vous auto-secouer les puces pour que l'enfant qui est en vous arrête de vous dicter votre conduite. Imposez-vous vos propres barrières : si vous savez que vous devez être levé à 6 h demain matin, ne lancez pas un nouvel épisode de votre saison préférée (en mourir d'envie n'est pas une raison suffisante).

En fonction de votre éducation, de votre culture, de votre caractère, la proportion enfant-parent sera variable : si vous êtes déjà très autodisciplinė, le parent en vous fait un bon travail. Félicitez-vous. Si vous considérez que vous êtes le roi de la procrastination, l'enfant qui est en vous vit sa meilleure vie (parce que ses parents ne sont pas là pour le recadrer et l'aider à aller dans la direction qui lui permettra de devenir un adulte épanoui plutôt qu'un éternel adolescent). Dans le doute, je le précise, je vous ai dit « devenez votre propre parent » et non pas votre propre bourreau. Ainsi, faites preuve de fermeté, mais pas de cruauté, restez bienveillant envers vous-même dans vos décisions, sinon une troisième personne va rejoindre le duo enfant-parent dans cette superbe histoire qu'est votre vie : le démon. Mais lui, nous en parlerons plus tard.

Témoignage personnel

LA NOURRITURE ET MOI

J'ai toujours été plutôt fine : ayant pratiqué le sport à haut niveau pendant près d'une décennie, je brûlais tout ce que je mangeais et je ne me posais aucune question. Je ne me suis jamais privée et j'ai grandi avec le sentiment que je pouvais m'alimenter comme je le souhaitais, dans les quantités qui me plaisaient.

Quand j'ai arrêté de faire autant de sport tout en continuant à manger de la même façon, je me suis surprise à prendre du poids : sept kilos de plus sur la balance en quatre ans. C'était tellement progressif que je ne m'en suis pas vraiment rendu compte. Jusqu'au jour où j'ai franchi la limite avec laquelle j'étais à l'aise. Autant j'aimerais bien gommer un peu mes petits bourrelets, autant je sais que je ne reviendrai jamais à ma forme d'antan : il faudrait que je me remette à faire du sport à haut niveau, ce qui ne fait pas partie de mon programme.

Je l'accepte totalement. Avec mon style de vie actuel et mes projets en cours, je peux tout de même changer certaines choses pour être à nouveau bien dans ma peau et plus en forme. Je sais que l'alimentation joue un rôle important dans la gestion du poids, on dit d'ailleurs que « les abdominaux se travaillent dans l'assiette et pas à la salle ». (Dans la réalité, c'est surtout qu'on aura beau faire du sport, si une épaisseur de petit gras cache nos abdominaux flambants neufs, ils ne risquent pas d'être visibles, mais c'est encore un autre débat...)

Ainsi, mon besoin profond de retrouver la forme, couplé à la réalité de mon rythme de vie et à mes envies personnelles, me pousse plutôt à envisager un rééquilibrage alimentaire : en réapprenant à manger, une partie de mes nouveaux kilos partira d'elle-même, sans me dégoûter... ni me démotiver !

ASTUCE N°5

C'EST PARTI POUR UN RÉÉQUILIBRAGE ALIMENTAIRE !

AVANT TOUTE CHOSE,
JE NE FAIS PAS L'APOLOGIE DE LA MINCEUR :
L'IMPORTANT, C'EST D'ÊTRE BIEN DANS SA PEAU,
QUEL QUE SOIT SON POIDS.

Je ne suis pas en faveur des régimes, définis au sens classique du terme comme une « conduite alimentaire caractérisée par des restrictions » (dictionnaire Larousse). Je pense que la restriction sur une période prolongée est source de frustration, de fringales et d'une baisse d'estime de soi lorsqu'on « craque ». Cette opinion ne concerne évidemment pas le cas d'un régime recommandé et suivi par un médecin pour des raisons de santé.

Je suis plus adepte du rééquilibrage alimentaire, qui consiste à repenser son assiette globalement et à réapprendre à manger selon ses besoins plutôt que selon ses envies.

Ne vous inquiétez pas, la dimension de plaisir n'est pas oubliée ! Seulement, si, comme moi, vous savez que vous mangez trop ou des aliments trop riches par rapport à votre activité physique actuelle, c'est une piste à explorer. Grâce au rééquilibrage alimentaire, vous prendrez de bonnes habitudes : les fameuses campagnes de santé publique « mangez, bougez » et « cinq fruits et légumes par jour » en font partie.

VOS OBJECTIFS, SI VOUS LES ACCEPTEZ, SERONT LES SUIVANTS :

➧ **Limitez les sucres rapides ajoutés** (c'est-à-dire ce qui contient du sucre, de la cassonade, des édulcorants, des sirops) : les boissons sucrées (en dehors des jus de fruits et légumes frais pressés), les sauces industrielles, le pain de mie, les plats tout prêts, mais aussi les pâtisseries et les biscuits.

➧ **Limitez les produits industriels** : ils sont pour beaucoup tellement transformés que la liste de leurs ingrédients n'est pas compréhensible sans avoir recours à un dictionnaire. Le principe est simple : si vous ne la comprenez pas, ne mangez pas le produit.

➧ **Augmentez la part de produits bruts dans vos repas** (fruits et légumes, légumineuses, huiles, graines...).

➧ Au-delà des produits bruts et naturels, **faites la part belle aux végétaux**. Ils sont riches en fibres (donc bons pour la digestion), en vitamines et minéraux, mais également en bonnes graisses et en sucres lents incontournables pour le bon fonctionnement de votre cerveau. Et ils regorgent de saveurs !

➧ **Pensez aux épices, aux herbes aromatiques, à varier les huiles, à tester des laits végétaux** dans vos recettes de pâtisseries, à remplacer de temps en temps dans vos gâteaux les œufs par de la compote, ou à vous en passer pour vos crêpes (ça marche très bien).

➧ **Cuisinez maison autant que possible** pour savoir ce qu'il y a dans votre assiette (et ne pas découvrir à presque vingt ans, comme moi, que le riz des sushis est sucré).

VOICI QUELQUES PISTES POUR RÉUSSIR À RÉGULER VOTRE APPÉTIT ET RÉÉQUILIBRER VOS JOURNÉES :

➧ **Buvez plus d'eau.** À chaque fois que vous avez l'impression d'avoir une fringale et que vous êtes à deux doigts de craquer pour une barre chocolatée en bavant sur votre clavier, levez-vous et allez boire un grand verre d'eau. Dans la majorité des cas, votre « fringale », parce qu'elle était causée par une déshydratation, disparaîtra quelques minutes après. Dans le cas contraire, le volume occupé par l'eau dans votre système digestif entraînera soit une sensation de satiété, soit une diminution globale de votre sensation de faim.

➧ **Réduisez le volume de vos contenants.** Pour ne pas être frustré en voyant votre assiette à moitié vide, changez d'assiette pour une version plus petite. Visuellement, elle sera bien garnie, mais dans la pratique, elle le sera quand même moins qu'avant !

➧ **Mangez « complet ».** Vous pouvez tout à fait manger du riz, des pâtes ou du pain. C'est bon, c'est consistant et les glucides qu'ils contiennent sont une ressource indispensable au bon fonctionnement de votre cerveau. Mais pour limiter les calories et augmenter leur pouvoir rassasiant, choisissez-les complets ! À la clef : satiété sur le long terme et meilleure digestion. Et attention : la cuisson des pâtes joue sur leur indice glycémique. Mieux vaut les servir *al dente*.

➧ **Faites-vous plaisir.** Il n'est pas impossible de manger sainement et d'y prendre du plaisir : choisissez du chocolat noir à 75 % de cacao plutôt que du chocolat au lait, remplacez le sucre classique par du sirop d'érable, qui a un indice glycémique plus faible.

➧ **Soyez malin.** Pour ne pas craquer pendant vos courses, faites-les le ventre plein : vous ramènerez beaucoup moins de sucreries à la maison.

Je vous ai proposé une liste, mais vous n'allez évidemment pas tout faire. Si vous mettez en place une seule de ces propositions dans le cadre de votre remise en forme, ce sera déjà un progrès. Allez-y à votre rythme et choisissez ce avec quoi vous êtes à l'aise. Je vous recommande aussi de ne pas être trop strict envers vous-même. J'ai personnellement essayé de faire une semaine entière sans aucun sucre rapide ajouté et ça a été sportif... J'ai eu beau me préparer en cuisinant à l'avance le dimanche après-midi un houmous maison (pour les snacks salés), un pudding de graines de chia au lait de coco et à la vanille (pour les petits-déjeuners comme pour les desserts), un curry de légumes coco-cacahuète, un chili sin carne et une jolie quantité de riz complet, la réalité de la vie quotidienne a vite pris le dessus ! Entre les déjeuners professionnels en extérieur, les soirées entre amis et l'omniprésence des sucres rapides ajoutés, j'ai vraiment eu du mal à passer de tout à rien d'un jour à l'autre. C'est pourquoi je vous recommande, d'une part, d'y aller progressivement et, d'autre part, de rester bienveillant envers vous-même : peu importe que vous ayez mangé une part de millefeuille si tous les autres jours vous avez considérablement amélioré votre alimentation !

Ne soyez pas votre propre bourreau, mais votre meilleur ami. Un petit plaisir n'a jamais tué personne et ne va pas réduire à néant tous vos efforts, tant qu'il reste ponctuel.

La règle des vingt secondes

La première chose à faire pour fortifier le parent qui est en vous, c'est de comprendre la règle des vingt secondes. Elle est simple à résumer : si vous voulez prendre une bonne habitude, il faut la faciliter au maximum, et si, au contraire, vous voulez perdre une mauvaise habitude, il faut la compliquer au maximum. Un peu comme un parent le ferait d'ailleurs : il met le dentifrice sur la brosse à dents de son enfant pour lui simplifier la tâche et range les biscuits au chocolat pour qu'il ne soit pas trop tenté de les manger une heure avant le dîner. Ce principe part d'un constat basique : on a une dose de volonté journalière limitée, et en plus (comme si cela ne suffisait pas...), on a tendance à vouloir l'économiser (d'après le professeur Scott Geller, *The Psychology of Self-Motivation*) ! L'humanité forme une jolie bande de procrastinateurs en puissance !

Pour vous résumer la situation, c'est une histoire de flemme : vous aurez plus tendance à faire ce qui vous demande moins de volonté.

L'idée est donc de se faciliter la vie au maximum pour les nouvelles habitudes que l'on veut mettre en place et de se mettre des bâtons dans les roues pour tout ce que l'on souhaite éliminer de notre vie.

Par exemple : si vous souhaitez lire plus, achetez-vous un livre qui vous fait vraiment envie (pas forcément l'œuvre primée dont tout le monde parle... si vous voulez vous replonger dans un *Tintin*, prenez une BD, si vous avez toujours voulu lire de droite à gauche, prenez un manga, et si vous aviez dans l'idée de feuilleter un magazine, jetez-vous dessus). Jusqu'à preuve du contraire, tant qu'il y a du texte, c'est bien de la lecture. Posez ensuite ce livre sur votre table de chevet et allez vous coucher dix minutes plus tôt que d'habitude pour lire un peu.

Le lendemain matin, glissez-le dans votre sac avant de prendre les transports en commun et profitez de ce temps habituellement perdu pour continuer votre lecture. Je vous jure qu'il m'est arrivé d'attendre avec impatience de prendre le métro et le RER en rentrant du travail, non pas pour rentrer chez moi, mais pour lire enfin la suite de mon roman policier !

Arrêtez de croire que c'est plus facile pour les autres

Je ne compte plus le nombre de fois où je me suis dit : « Ça a l'air tellement simple quand c'est elle qui le fait » ou « mais comment elle se débrouille pour se lever à 6 h du matin comme une fleur ? J'y arrive pas, moi ! » Est-ce que ça vous rappelle quelque chose ? Vous avez déjà eu l'impression que c'est plus difficile pour vous ? Que vous n'êtes juste pas du matin ? Que vous n'êtes pas un sportif ? Que vous ne savez pas dessiner ? Que vous êtes nul en maths ? Alors vous avez besoin d'entendre la phrase qui va suivre. **Rien n'est facile pour personne. Personne.**

On ne se lève jamais comme une fleur à 6 h du matin pour la première fois. Tout le monde a les yeux collés, l'envie terrassante de se recoucher et le cerveau encore sur l'oreiller. On ne sait pas de naissance faire des intégrales, on l'apprend. On ne naît pas Picasso, on le devient. Et ça, les amis, **c'est le pouvoir de la volonté, du travail et de la pratique acharnée.**

Il existe deux possibilités : soit vous êtes soulagé de savoir que pratiquement tout peut s'apprendre avec la juste dose de travail et d'apprentissage, soit vous êtes déprimé à l'idée qu'il est désormais peu probable que vous vous découvriez un don dans les mois à venir. Personnellement, je trouve ça plutôt encourageant de me dire qu'**aucune porte ne restera fermée si je veux vraiment l'ouvrir.** On peut

> *« Si c'était facile, tout le monde le ferait. »*

avoir des prédispositions, mais elles ne rendent pas la chose « facile », juste « moins compliquée ». Et il y a un fossé entre les deux. On peut s'appuyer sur notre capacité à assimiler plus rapidement que la moyenne pour avancer plus vite sur le chemin de l'apprentissage… Mais il nous faudra tout de même le parcourir vite !

Donc la prochaine fois que vous vous surprendrez à ressasser que « c'est normal qu'elle y arrive, elle est douée en maths » ou « c'est pas étonnant que je ne parvienne pas à lire un roman entier, je ne suis pas littéraire », prenez le temps de regarder la situation autrement. Si elle y arrive, c'est peut-être parce qu'elle a étudié deux fois plus longtemps que vous le chapitre et/ou qu'elle a refait tous les exercices. Si vous n'arrivez pas à finir un roman, il y a plus de chance que ce soit lié au style qui ne vous plaît pas plutôt qu'au fait que vous n'ayez pas l'âme littéraire, non ?

adverses, il va mar… non, le tir est arrêté par Olivier Dubois, le gardien de Gryffondor. Gryffondor reprend le Souafle avec Katie Bell qui fait un joli plongeon pour éviter Flint et – AIE – voilà qui a dû faire mal, un Cognard en pleine tête – le Souafle aux Serpentard - Adrian Pucey se précipite vers les buts, mais il est arrêté par un deuxième Cognard envoyé par Fred ou George Weasley, impossible d'être plus précis. En tout cas, c'est un joli coup du batteur de Gryffondor et Johnson reprend le Souafle sans aucun adversaire devant elle. Elle vole vraiment, c'est le cas de le dire, elle évite un Cognard, les buts sont devant elle, vas-y, Angelina – Bletchley, le gardien de but, plonge et GRYFFONDOR MARQUE !
Sur les gradins, les supporters de Gryffondor saluèrent

Le plaisir de lire

Qu'est-ce que ça veut dire « je n'aime pas lire, je ne suis pas littéraire » ? Avez-vous déjà entendu quelqu'un dire « je n'arrive pas à regarder un film jusqu'au bout, je n'ai pas l'âme cinéphile, je ne comprends pas comment tu fais pour en regarder autant » ? Ça ne m'est jamais arrivé. Est-ce parce que l'école nous impose certaines lectures que la littérature tout entière finit par rebuter certains ? Je suis trop Hermione Granger dans l'âme pour regarder un livre de travers, quel qu'il soit, mais je comprendrais parfaitement que l'obligation de lire finisse par dégoûter. Si vous êtes persuadé que les livres, ce n'est pas pour vous, je vous recommande de changer de genre et d'auteur. Vous vous surprendrez peut-être à avaler des paragraphes entiers sans plus pouvoir vous arrêter.

Voici quelques recommandations de lectures, loin des grands classiques de la littérature :

➡ Toute la saga *Harry Potter* de J.K. Rowling. Si vous n'avez pas aimé les films, ne vous braquez pas : les livres sont plus vivants, plus complexes, plus détaillés et plus palpitants. Au-delà de l'univers qu'elle est devenue, cette saga permet d'aborder des notions comme la torture, la peine de mort, le deuil, la loyauté, l'amitié, la résilience...

➜ La saga policière de Camilla Läckberg, des romans bien construits qui se déroulent dans un petit village de Suède. Ils nous font naviguer entre passé et présent, et nous poussent à chercher activement qui est le coupable. Les intrigues secondaires permettent de s'attacher aux personnages en quelques pages.

➜ Si vous aimez le mystère mais que vous appréciez une ambiance bon enfant, tournez-vous vers la saga *Agatha Raisin* de M.C. Beaton. Ou comment réussir à transformer une enquête pour meurtre en série cosy à la limite du roman à l'eau de rose : du suspens, du thé, un meurtre et un charmant voisin. *Game on!*

➜ Pour aiguiser sa conscience féministe, *Femmes qui courent avec les loups*, de Clarissa Pinkola Estés. Attention, ce pavé de plus de sept cents pages n'est pas une lecture facile. Il est cependant très enrichissant et construit de telle façon que l'on peut se contenter de lire quelques pages à la fois.

➜ Pour les créatifs en mal d'inspiration, *Comme par magie*, d'Elizabeth Gilbert. L'auteur du best-seller *Mange, prie, aime* y partage son processus créatif et son point de vue unique sur ce qu'est l'inspiration.

➜ *777 faits surprenants sur le monde qui vous entoure*, de Doc Seven. Si vous estimez avoir la capacité de concentration d'un poisson rouge, ne désespérez pas : vous allez vous cultiver, aiguiser votre curiosité et pouvoir ressortir des anecdotes intéressantes lors de votre prochaine soirée. Et comme le contenu est réellement surprenant, vous ne risquez pas de vous ennuyer !

➔ *Votre cerveau est extraordinaire,* de Fabien Olicard. Plus sérieusement, il donne des astuces pour retenir facilement un numéro de téléphone, calculer rapidement des racines carrées et, entre nous, ça fait du bien d'entendre que notre cerveau est si costaud !

➔ Pour comprendre l'histoire d'une des bandes dessinées les plus connues, *La Grande Épopée de Picsou,* intégrale en sept volumes de Don Rosa, vous attend. Des planches à dévorer du regard, des anecdotes insolites ou amusantes et des explications de l'auteur, pour tous les fans du canard le plus célèbre du monde. C'est un incontournable à se faire offrir volume par volume.

Si on part du principe que rien n'est facile pour personne – seulement un tantinet moins compliqué pour certains –, alors avec du travail et de la persévérance, vous pouvez le faire. **Je répète : vous pouvez le faire.**

- Vous pouvez reprendre vos études pour changer de voie.
- Vous pouvez apprendre à conduire.
- Vous pouvez partir et faire le tour du monde.
- Vous pouvez créer votre propre société.
- Vous pouvez passer votre bac.

Alors, au lieu de rêver à une vie meilleure, d'imaginer ce que ça pourrait être : bottez-vous les fesses ! Il est important que vous reteniez que vous en êtes capable, votre meilleure vie ne tient qu'à vous et vous n'avez qu'à prendre un peu de temps pour y travailler. Quand un enfant ne fait pas ses devoirs, ses parents ne le lâchent pas jusqu'à ce qu'il les fasse. **Soyez votre propre parent et, la prochaine fois que vous avez la flemme, bottez-vous les fesses jusqu'à ce que vous arrêtiez de vous mettre en travers de votre propre chemin.**

METTEZ VOTRE DÉMON À LA PORTE

Si la motivation existe chez chacun de nous, en fonction de notre caractère, de notre éducation, mais aussi de notre culture, nous aurons plus ou moins de facilité à la mobiliser pour continuer à arpenter le chemin de notre meilleure vie. Si on vous répète depuis tout petit que vous êtes nul, paresseux, fainéant, incapable, mauvais, mou, dans la lune et j'en passe, il y a des chances pour que vous ayez intégré ces notions comme des réalités. Vous en conviendrez, il est difficile de faire preuve d'une grande motivation quand on est persuadé d'être le pire des procrastinateurs, de même qu'il est peu probable de s'inscrire à un semi-marathon quand on est convaincu de ne pas être sportif, de ne pas avoir de souffle.

Témoignage personnel

UNE CROYANCE NÉGATIVE BIEN ENRACINÉE

Il existe en moi une croyance négative contre laquelle je lutte encore aujourd'hui. C'est qu'on ne m'écoute pas, et même qu'on ne m'écoute jamais. Je me surprends encore à me faire la réflexion, et à parfois m'en plaindre auprès d'autres personnes (qui m'écoutent d'ailleurs... Paradoxal, n'est-ce pas ?). J'ai beaucoup de mal à me défaire de cette idée, même si je sais qu'elle est complètement fausse ! Il suffit que je prenne deux secondes pour analyser la situation et je parviens à rejeter avec force cette croyance négative : je suis quelqu'un qui ne se sent pas écouté, mais des centaines de milliers de personnes regardent mes vidéos au quotidien !

Cette fausse croyance a un impact bien réel sur ma vie : je le réalise en me surprenant à parler à la fois trop vite et pas assez fort. Conséquence : on ne m'entend pas bien. Le fait qu'on ne m'entende pas bien contribue à renforcer mon sentiment, puisqu'il est difficile de rebondir sur une phrase qu'on a mal entendue. C'est un cercle vicieux. Cependant, j'ai conscience désormais que ce n'est pas parce qu'on m'entend mal que les autres ne m'écouteraient pas si je leur en donnais l'occasion...

Nous sommes pleins de croyances négatives, en particulier sur nous-mêmes, qui nous pourrissent la vie. Un peu plus haut, je vous ai parlé de votre enfant et de votre parent intérieurs, qui ont tous les deux leur place dans votre vie (oui, même l'enfant : il est essentiel pour apprécier le moment présent et savoir s'amuser). Je vous ai conseillé de rester juste envers vous-même et de ne pas devenir votre propre bourreau, au risque de laisser entrer une troisième entité dans votre vie : le démon. C'est de lui qu'il s'agit ici.

Votre démon intérieur est celui qui passe son temps à vous murmurer que vous n'y arriverez pas, que vous êtes moche ou bête, que personne ne vous aime et qu'ils ont bien raison. Ce bourreau intérieur a tort ! Il est là pour vous tourmenter, pour vous arrêter dans vos projets, pour vous empêcher de vous lancer dans quelque chose de nouveau, quelque chose qui pourrait être merveilleux pour vous. Votre démon intérieur, c'est vous. Et c'est une bonne nouvelle, car vous pouvez d'autant plus facilement le mettre à la porte de votre vie ! Le combat sera rude, parce qu'il fera tout pour saper votre confiance en vous, pour vous empêcher de rechercher une meilleure vie. Mais c'est vous qui détenez le pouvoir. Cette voix malsaine ne décide pas à votre place. **Vous êtes votre propre patron. Vous décidez. Et si vous virez votre démon parce que vous ne voulez plus vous saboter, tant mieux. Libérez-vous !**

L'avantage du démon intérieur, c'est qu'il est facile à identifier. Mais cette identification nécessite de faire attention à tout ce qu'on se raconte. Pour faire court, une croyance négative, c'est tout ce que vous vous dites et que vous n'accepteriez jamais d'entendre de la part de quelqu'un d'autre. Vous allez comprendre tout de suite avec ces quelques exemples : « Je suis vraiment trop grosse ! », « Qu'est-ce que je suis bête ! », « De toutes façons, je suis nul en maths, nul ! », « Je me fixe des objectifs, mais je ne les atteins jamais ! », « Pas étonnant qu'elle m'ait quitté, je ne suis pas drôle. » Si votre meilleure amie vous assénait tout ça, vous réagiriez comment ? Mal, n'est-ce pas ? Ça ne m'étonne pas et c'est complètement normal. Personne ne devrait vous parler de cette façon. Pas même vous.

Comment voulez-vous être heureux, motivé, vivre votre meilleure vie si vous passez votre temps à vous dénigrer, à vous insulter, à vous mettre plus bas que terre et globalement à vous dire des choses tellement horribles que personne n'oserait vous les dire ? Arrêtez de vous dire des horreurs, par pitié.

Quand Instagram attaque notre estime de soi

Toute personne ayant un compte sur Instagram a vu passer des photos d'individus super canon, parfaitement musclés et heureux d'avoir couru deux heures sous la pluie dans un froid glacial. Ou alors de cette personne tellement altruiste qu'elle enchaîne les missions humanitaires (sans oublier toutefois de prendre des photos plusieurs fois par jour) et sauve le monde pendant qu'on se contente de faire défiler ses clichés.

Quand je les vois, ça me déprime un peu. Ces personnes, dont la vie semble parfaite, me font parfois culpabiliser de ne pas bouger assez, donner assez, manger mieux, apprendre plus, aller plus loin.

N'oubliez jamais qu'Instagram, ce n'est pas la vraie vie. Ces photos sont des instants de vie. Des morceaux choisis. Et quand on a le choix, on décide souvent de mettre en avant les meilleurs moments. Ces personnes aux vies parfaites vivent aussi des baisses de moral, traversent des moments de doute et subissent des coups durs. Seulement, elles n'ont pas forcément envie de les partager.

La prochaine fois que vous vous surprendrez à éprouver de la rancœur ou de la jalousie en allant sur Instagram (ou tout autre réseau social) :

➜ Rappelez-vous que l'auteur a choisi de montrer cet aspect de sa vie.

➜ Que cette même personne traverse peut-être une mauvaise passe.

➜ Que vous avez toujours la possibilité de vous désabonner si cela impacte votre santé psychique.

N'oubliez jamais qu'ils ont aussi dû se motiver en se répétant : « Ma poulette, va falloir y aller, c'est l'heure de faire du sport. Non, je n'ai pas envie ! Bah, va bien falloir s'y mettre quand même ! »

ASTUCE N°6

SE DÉBARRASSER DE SES CROYANCES NÉGATIVES

Pour déterminer à quel point vous êtes concerné par le phénomène, je vous recommande de faire un test très simple sur une journée. Vous êtes prêt ? Alors, c'est parti ! Pendant toute une journée, du réveil jusqu'au moment où vous allez sombrer dans un sommeil bien mérité et rempli de merveilleuses licornes et autres gâteaux décadents mais qui ne font pas prendre un gramme, vous allez observer vos pensées.

➧ Dès qu'une phrase négative surgit dans votre esprit, notez-la sur une feuille de papier ou sur votre téléphone. À la fin de la journée, vous disposerez ainsi d'une liste récapitulative de vos tacles personnels du jour. Toutes les croyances que vous avez sur vous-même, tout ce que vous passez votre vie à vous répéter sera inscrit en évidence, noir sur blanc.

➧ Vous pourrez ensuite commencer à vous défaire progressivement de ces mantras dépréciatifs. À chaque fois qu'une croyance négative vous viendra en tête, vous lui direz « stop ! », afin de couper son élan destructeur pour votre motivation, votre volonté et votre bonheur personnel.

➧ Je vous invite même à aller plus loin dans la bataille : vous pouvez non seulement empêcher ces mauvaises pensées de pénétrer dans votre vie, mais aussi les repousser en leur trouvant systématiquement un contre-exemple. Vous savez au fond de vous qu'il en existe un.

Soyez bienveillant envers vous-même ! Vous méritez de croire en vous, vous devriez même être votre tout premier supporter. Cette bienveillance vous mènera bien plus loin que n'importe quel reproche.
Si vous identifiez vos croyances négatives et que vous trouvez une réponse bienveillante à chacune d'entre elles, vous sortirez de vos vieux schémas. En vous répétant à longueur de journée que vous êtes un gros flemmard, vous ne risquez pas de vous réveiller un matin motivé et productif. Pourtant, rien d'autre que vous-même ne vous en empêche : il suffit de vous dire par exemple : « Pendant tout ce temps, je n'ai pas arrêté de me répéter que j'avais la flemme, mais je ne suis pas un flemmard. La vérité, c'est que j'ai surtout peur d'échouer, de me tromper, et que c'est plus simple de ne rien faire que de prendre le risque de me planter. Mais je décide désormais de me donner à fond et, si ça ne fonctionne pas, je saurai que j'ai tout donné, plutôt que de rester passif et de laisser tomber mes rêves. »
Vous allez changer votre vie. **Repousser ses croyances négatives est une habitude à prendre et à cultiver toute sa vie, car de nouvelles croyances négatives peuvent apparaître avec le temps. Ce n'est pas facile, mais ça en vaut la peine.**

....
....
....
....
....
....
....
....
....
....
....
....
....

LE POUVOIR DE LA DEADLINE

> *« Done is better than perfect. »*
>
> SHERYL SANDBERG

Est-ce que vous avez déjà remarqué, pendant vos études par exemple, que plus vous vous laissez de temps pour réaliser une tâche et plus elle va justement prendre tout le temps que vous mettez à sa disposition ? Et que, à l'inverse, si vous avez très peu de temps devant vous, vous arriverez à faire tenir dans ce court délai tout ce que vous avez à faire d'urgent ? C'est le pouvoir de la deadline. C'est aussi pour ça que beaucoup de personnes repoussent jusqu'au dernier moment ce qu'elles ont à faire : elles n'ont alors plus ni le choix ni le loisir de repousser à plus tard. Qu'on se comprenne bien, je ne suis pas en train de vous dire de procrastiner pour rester motivé, non. Je vous propose seulement de ne plus vous laisser des heures et des heures, voire des jours entiers, pour venir à bout de vos obligations.

En vous laissant trop de temps, vous allez :

➧ **En perdre** puisque vous auriez pu le consacrer à autre chose. Par exemple, vous n'aviez pas réellement besoin de dix heures pour terminer ce tableau Excel, mais vous en avez profité pour le rendre absolument parfait : mise en couleur, polices homogènes, titres de colonnes en gras, vous avez même pu ajouter un graphique qui se met à jour automatiquement en fonction des calculs, une véritable œuvre d'art.

➧ **Vous démotiver.** En vous fixant pour objectif de réussir quelque chose parfaitement, vous allez vous mettre une telle pression que vous risquez de vous retrouver complètement tétanisé face à l'ampleur de la tâche. Résultat, vous allez passer un temps considérable à vous préparer, à retoucher, à modifier, à améliorer… et donc à perdre votre temps.

Par ailleurs, si vous passez réellement dix heures sur votre tableau Excel, vous allez surestimer le temps nécessaire pour toutes les autres tâches de votre to-do list et déprimer à l'idée de ce qu'il vous reste à faire et du temps que vous allez devoir y consacrer.

Alors, même si vous disposez de beaucoup de temps, évaluez le plus précisément possible la durée de l'effort à fournir pour achever votre tâche à peu près correctement, en imaginant que vous avez une deadline pressante : de combien de temps au minimum avez-vous besoin pour rendre un travail correct (attention, notez bien que je n'ai pas dit « parfait ») ? Et lancez votre chronomètre.

Le pouvoir de la deadline illustré par le NaNoWriMo

Nous sommes nombreux à chuchoter que nous aimerions écrire un livre un jour, mais très peu d'entre nous le font réellement. Après tout, ce n'est pas si étonnant, car c'est un objectif qui semble très compliqué à atteindre : on manque tous de temps, c'est difficile, on n'a pas suivi de formation pour écrire, on n'a pas d'idée suffisamment bonne, et puis de toutes façons, même si on le voulait, à quoi bon écrire si c'est pour ne pas être publié ? Je vous le dis tout de suite : aucune de ces raisons n'est suffisante. Si vous voulez écrire, écrivez ! Sur un bout de papier volant dès que vous avez une idée, sur une serviette en papier en attendant votre commande au restaurant, sur votre téléphone dans les transports en commun, sur votre ordinateur à la maison, pendant la sieste des enfants, sur votre tablette pendant les pubs à la télévision... Écrire un livre en l'espace d'une vie vous semble déjà infaisable, alors si je vous dis que des milliers de personnes le font en trente jours, vous allez forcément penser que je me moque de vous. N'empêche que c'est la réalité. C'est même le concept du NaNoWriMo (National Novel Writing Month) lancé par Chris Baty en 1999 : consacrer le mois de novembre à un premier jet de 50 000 mots au minimum (pour être éligible au titre de lauréat du NaNoWriMo). On ne va pas se mentir, c'est extrêmement difficile à atteindre (pour preuve, seulement 17 % des participants en moyenne atteignent le compte dans le temps imparti). Mais si l'on considère qu'il suffit d'écrire 1 667 mots par jour, ça semble déjà plus abordable (ou moins difficile, tout dépend votre façon de voir les choses). Il ne s'agit plus d'un mois d'écriture, mais de deux heures par jour. Tous les jours. Pendant trente jours.

Grâce à cette deadline journalière, vous allez être forcé d'avancer et votre livre va prendre forme jour après jour. Le plaisir et la fierté de voir sur votre compteur journalier ces quelques centaines de mots supplémentaires vont vous pousser à poursuivre vos efforts. Et vous pouvez me croire : j'en suis actuellement à mon douzième jour de NaNoWriMo. Je me rends bien compte que, sans cette obligation de poser 1 667 mots par jour, j'aurais toujours plus urgent ou plus important à faire (un tournage, un montage, la comptabilité du mois, des déclarations administratives, des e-mails en retard à écrire, des commandes à préparer et envoyer, mes recherches immobilières à continuer, réfléchir aux prochaines thématiques à aborder en vidéo... J'ai l'embarras du choix, sans même parler des tâches ménagères, malheur !). Grâce à cette technique (et aussi parce que je suis bien entourée d'amis NaNoteurs comme moi), j'avance progressivement, je m'évite des coups de stress et je reste motivée parce que ça ne me paraît plus aussi impossible à accomplir qu'avant.

Magique ? Oui. Et c'est le pouvoir de la deadline.

FRACTIONNEZ !

Si j'arrive à avancer dans ce projet titanesque (et un peu fou, je l'avoue) d'écrire un livre en trente jours, c'est aussi grâce à d'autres outils spécialement adaptés à la motivation, et notamment le fractionnement. Entre « écrire 50 000 mots en trente jours » (qui semble impossible) et « écrire 1 667 mots par jour » (qui a l'air compliqué, mais faisable), on constate l'effet positif de la fraction sur notre mental.

Les bénéfices du fractionnement des tâches

➧ La sous-tâche est nécessairement plus facile à accomplir que l'objectif principal dans son ensemble.
➧ Pour chaque sous-tâche accomplie, on sent qu'on avance concrètement dans la bonne direction, celle qui nous rapproche de la réalisation complète de notre objectif final. Et c'est encore plus flagrant pour des projets de grande ampleur, longs à réaliser ou qui nécessitent une multitude d'étapes à franchir.

Prenons l'exemple du baccalauréat (ou de n'importe quel autre examen scolaire). Si, lorsque vous êtes entré au CP, on vous avait dit : « allez, objectif BAC ! » et que vous aviez pu mesurer l'ampleur de la tâche qui vous attendait, vous auriez tourné de l'œil. Et c'est pourtant exactement ce qui s'est passé : toutes ces journées sur un banc face à votre pupitre (je n'ai pas connu les pupitres, mais j'avais vraiment envie de caler cette tournure un brin désuète et tellement romanesque), année après année, vous ont mené à cet instant précis où l'on vous annonce : « Début de l'épreuve de philosophie, vous avez quatre heures. »

En fractionnant, tout semble plus facile. Et si vous avez le sentiment que ce n'est pas le cas concernant votre objectif, c'est que vous ne l'avez pas découpé assez finement et que vous pourriez encore scinder quelques sous-tâches en deux (ou plus).

Comment fractionner votre objectif ?

➧ **Dans le temps :** par exemple, planifiez une heure par jour pendant un mois plutôt qu'un marathon non-stop de trente heures en une semaine.

➧ **Dans la difficulté :** si vous avez une dissertation à faire, vous pouvez réfléchir à la problématique, faire le plan, chercher des exemples et des citations, écrire l'introduction au brouillon, puis la première partie…

➧ **Dans le nombre de compétences à utiliser en même temps :** au lieu de se fixer comme objectif de réserver ses vacances, on peut d'abord lire un guide touristique (recherches), puis lister les endroits que l'on aimerait visiter (organisation), établir son budget (finances personnelles), comparer en ligne les hôtels et les transports (analyse)… En plus de rendre nos projets réalisables, chaque étape rayée sur notre liste nous rend aussi plus motivés pour poursuivre nos efforts.

Vous êtes le meilleur !

L'APPEL À UN AMI

Pour rester motivé tout au long de votre voyage vers votre meilleure vie, un des outils que je vous recommande est ce que je nomme « l'appel à un ami ». Un peu comme dans le jeu *Qui veut gagner des millions*. Quand vous êtes à bout, que vous ne savez plus comment faire ou quoi choisir, optez pour l'appel à un ami (attention, pas à un moustique, voir page 34). Retrouvez cette personne autour d'un café ou allez vous promener avec elle pour discuter. Il peut s'agir d'un ami de longue date, d'un copain qui vous comprend, d'une sœur, d'un frère, d'un parent, d'un cousin au troisième degré, de votre voisin de table, de la collègue qui sait vous écouter... Vous avez l'embarras du choix.

Parler de vos soucis avec plusieurs personnes peut vous permettre de voir les choses différemment en fonction de leurs expériences personnelles, de leur vécu, de leurs croyances, de leur éducation. **Cette perspective extérieure vous donnera un nouveau souffle pour aller plus loin dans vos objectifs,** pour contourner les problèmes ou leur trouver une solution à laquelle vous n'auriez pas pensé autrement.

Votre ami peut également vous aider à **retrouver la motivation lorsque la tâche devient plus ardue**. Demandez-lui s'il peut vous appeler régulièrement pour prendre des nouvelles de votre projet, vous poser des questions. Avec un peu de chance (et d'ego), vous supporterez mal l'idée de ne rien avoir à lui raconter quand l'heure du bilan arrivera et vous ferez en sorte d'avancer, même juste un peu, pour avoir quelque chose à lui mettre sous la dent.

À ceux qui tiquent sur le « même juste un peu » et qui trouvent que ce n'est pas suffisant et que l'on ne devrait pas faire les choses à moitié, je répondrais que :

➧ Si l'exigence totale vous convient et que vous parvenez ainsi à atteindre vos objectifs, c'est très bien.

➡ Si vous faites face à un blocage, souvenez-vous qu'au fond, un vaut plus que zéro et que « juste un peu » vaut donc mieux que « rien du tout ».

Au-delà de l'écoute dont vous avez besoin et de l'émulation que des conseils, des encouragements peuvent vous procurer, si vous arrivez à trouver quelqu'un qui cherche également son chemin vers sa meilleure vie, vous avez tout gagné. Ça ne sera pas plus facile, mais vous allez pouvoir **vous serrer les coudes, vous motiver l'un l'autre** et vous tenir au courant du chemin parcouru pour avancer plus vite et plus loin, ensemble. N'hésitez pas à vous fixer des objectifs très concrets : si un des piliers de votre meilleure vie dépend de votre santé et du développement de vos passions personnelles, fixez-vous, par exemple, de vous inscrire dans un club de salsa pour bouger plus, rencontrer des gens et laisser libre cours à votre amour dévorant de la danse et de la culture cubaine. Une fois que ce sera fait, envoyez des photos à votre compagnon de route pour lui montrer votre bulletin d'inscription, l'intérieur des locaux, les derniers pas que vous avez appris, invitez cette personne à venir vous voir danser à la fin de l'année. Toutes ces petites actions vont renforcer vos émotions positives et ancrer votre bonne résolution sur le long terme dans votre meilleure vie. Avec un peu de chance, il vous répondra avec un selfie de lui dans une agence immobilière, une vidéo pendant une visite de maison pour avoir votre avis et finira sur une photo de l'acte d'achat et un petit mot pour vous : « Je t'attends pour la crémaillère le 18 août ! »

LE DÉFI

Si l'esprit de compétition ne vous rebute pas trop (ou, à l'inverse, ne vous stimule pas trop, car vous n'avez rien à prouver à personne), vos compagnons de route peuvent vous lancer des défis. Si vous cherchez tous à vous mettre à la course à pied, outre le fait de vous répéter chaque jour que vous courez de mieux en mieux

(chasser son démon), de vous inscrire à un semi-marathon pour l'année suivante **(le pouvoir de la deadline)**, de vous entraîner par paliers de 3 kilomètres **(fractionner)** et de vous donner rendez-vous une fois par semaine pour courir avec vos amis **(l'appel à un ami)**, pourquoi ne pas rajouter un peu de piquant en vous lançant des défis ?

D'une part, il y aura quelque chose à gagner pour vous (ou un inconvénient majeur à éviter) et, d'autre part, ceux qui ont besoin d'une motivation externe pour avancer seront servis.

Dans le cadre d'une remise à la course à pied cela donnerait : « Celui qui fait le plus de sorties de 3 kilomètres ce mois-ci se fait inviter au restaurant par les autres. » Ou plus encore : « Celui qui ne fait pas les deux sorties de 3 kilomètres par semaine ce mois-ci paie sa tournée ! » Entre la carotte et le bâton, tous les caractères seront servis !

MOTIVATION ET...

... HABITUDES

Nous allons aborder le sujet des mauvaises habitudes, parce qu'on en a tous. Oui tous, sans exception. Bonne nouvelle, elles nous rassemblent autour d'un même objectif : s'en débarrasser ! Peut-être que vous perdez trente minutes tous les matins à scroller sur votre téléphone entre Instagram et Twitter ? Peut-être que vous vous rongez les ongles ? Vous vous plaignez trop ? Vous êtes accro à votre téléphone ? Pour d'autres, ce sera quelque chose de sérieux qui a un impact visible, sur la santé par exemple : fumer, boire trop, trop souvent, manger trop ou mal. Grâce aux cinq étapes qui vont suivre, vous arriverez à mieux gérer vos mauvaises habitudes et même à les remplacer par de bonnes.

1. Identifiez vos mauvaises habitudes et écrivez-les noir sur blanc

Pour perdre une mauvaise habitude, il faut commencer par l'identifier. Et ce n'est pas aussi évident que vous le croyez. Il ne suffit pas de se dire « je vais trop sur les réseaux », « je ne marche pas assez » ou « je fume ». Ce n'est pas si simple, car une habitude est avant tout une manière d'agir acquise par la répétition. Et elle se décompose comme suit d'après Charles Duhigg (auteur du livre *Le Pouvoir des habitudes*) : il existe un élément déclencheur qui entraîne chez nous une réaction qui nous fera obtenir une récompense.

Habitude : élément déclencheur ➜ réaction ➜ récompense

Concrètement, à chaque fois que vous tombez sur le même élément déclencheur, vous aurez tendance à avoir la même réaction, pour obtenir à nouveau votre récompense. Votre cerveau anticipe le plaisir de la récompense rien qu'en captant la présence de l'élément déclencheur, ce qui finit par générer des pulsions. C'est une forme de renforcement positif (un peu comme en dressage : on fait miroiter une friandise ou un câlin en échange d'un « bon » comportement). Par exemple : vous avez faim ➧ vous mangez un biscuit ➧ c'est bon et le sucre envoie comme signal au cerveau « souviens-toi où tu l'as trouvé et ce que cela t'a fait ».

À l'origine, on est sur un processus utile : plus l'homme est capable de trouver de la nourriture, de se souvenir d'où elle vient et de ce qu'elle lui a apporté et plus il a de chance de survivre. Seulement, nous ne sommes plus à la préhistoire, la nourriture est partout, en permanence autour de nous, et une pluie de calories vides peut s'abattre sur notre estomac en moins de temps qu'il n'en faut pour dire « pâte à tartiner ». La prochaine fois que vous aurez faim, vous aurez probablement envie d'un biscuit pour aller « mieux ». Et donc, la prochaine fois que vous ne vous sentirez pas bien, l'option « biscuit » vous apparaîtra comme un moyen de vous sentir « mieux » à nouveau. C'est ainsi qu'on se met à manger non pas par faim, mais par stress ou tristesse (et ça arrive à beaucoup de monde, donc ne soyez pas trop dur avec vous-même).

ASTUCE N°7

IDENTIFIER PRÉCISÉMENT LE CIRCUIT DE LA RÉCOMPENSE

Si vous avez une mauvaise habitude :

➡ Notez sur un papier ce que c'est (par exemple, « fumer »).

➡ Cherchez ensuite l'élément déclencheur (« ennui, stress, café »).

➡ Trouvez ce que cette mauvaise habitude vous apporte. Notez qu'elle vous apporte forcément quelque chose, sinon vous ne continueriez pas à faire ce que vous faites en sachant que c'est mauvais pour vous (« une excuse pour sortir et socialiser avec les autres employés, un geste rassurant qui me détend, un moment de pause, le sentiment de faire partie des gens cool »).

Sans cette réflexion, il sera difficile, si ce n'est impossible, de vous séparer de votre habitude, parce que vous ne saurez pas comment faire lorsque vous rencontrerez votre élément déclencheur !

MES MAUVAISES HABITUDES

....

....

L'ÉLÉMENT DÉCLENCHEUR

....

....

LA RÉCOMPENSE

....

....

2. Supprimez le déclencheur

Maintenant que vous avez compris la structure de votre mauvaise habitude, vous allez pouvoir sortir de votre mode pilote automatique et commencer à changer les choses. Il faut jouer sur l'élément déclencheur. Dans certains cas, vous pouvez le supprimer purement et simplement. Si vous ne pouvez pas vous empêcher de répondre à tous vos textos dès que vous les recevez, d'ouvrir votre boîte mail dix fois par jour ou de scroller sans but sur Twitter matin, midi et soir, retirez votre téléphone de votre vue ! **Pas d'élément déclencheur, pas de réaction routinière !** Glissez-le dans un tiroir, mettez-le en mode avion, et vous voilà désormais tranquille jusqu'à ce que vous en ayez vraiment besoin.

3. Remplacez le mauvais par le bon

Si votre élément déclencheur est plus complexe et ne peut être simplement éliminé, essayez de le gérer autrement. Vous grignotez tout le temps parce que vous êtes stressé ? Incorporez dans votre quotidien des actions qui réduisent votre stress. D'après Charles Duhigg, **remplacer une mauvaise habitude par une bonne qui nous permet d'obtenir une récompense similaire est plus simple que de tenter de supprimer purement et simplement notre mauvaise habitude**.

Ainsi, si vous fumez pour socialiser, contentez-vous d'aller voir vos collègues à la machine à café. Si vous allez sur Instagram en rentrant des cours ou du travail pour vous vider la tête, prenez plutôt un livre quelques minutes ou allez directement sous la douche.

4. Pratiquez la pleine conscience

Pour se séparer d'une mauvaise habitude particulièrement récalcitrante, pratiquez-la en pleine conscience et analysez tout ce que vous ressentez. Si vous fumez, analysez le goût dans votre bouche avant et après, l'odeur qui se dégage, qui reste dans vos cheveux.

Si vous passez trop de temps sur votre téléphone, vous vous rendrez peut-être compte que vous êtes en colère contre vous-même. Si vous mangez une boîte entière de cookies, vous allez vous apercevoir que, passé les deux premiers, vous n'avez plus vraiment de plaisir et que vous commencez à avoir mal au ventre.

Vous saviez, de manière rationnelle, que cette habitude n'est pas bonne pour vous, mais maintenant, grâce à cette pratique régulière, vous en êtes viscéralement persuadé.

Et si on changeait de personnalité ?

Pour ne pas être submergé par tous ces changements que vous vous imposez, allez-y gentiment pour faire évoluer celui ou celle que vous êtes. Ou plutôt celui ou celle vous pensez être. Au lieu de vous définir comme quelqu'un de fainéant (alerte : croyance négative, voir page 87), vous serez maintenant déterminé. Au lieu d'être quelqu'un de timide, vous serez désormais tout à fait normal. Au lieu d'être un fumeur, vous serez à présent quelqu'un qui arrête de fumer. Visualisez qui vous voulez être et changez votre perception de vous-même pour lutter contre les mauvaises habitudes soutenues par vos croyances négatives.

La question du temps

La règle des 21 jours pour prendre une habitude est une simplification tellement énorme qu'elle est tout simplement fausse : tout dépend des caractères et du niveau de difficulté de l'habitude en question. Ainsi, le temps nécessaire pour changer une habitude peut tout à fait varier entre quelques jours et plusieurs mois.

En revanche, si dans les cinq secondes qui suivent une impulsion, vous n'avez pas enclenché une action, la probabilité pour que vous l'accomplissiez s'écroule. Conséquence : **si vous avez une idée, agissez dans les cinq secondes.** Par exemple : créez une note, envoyez-vous un mémo, fixez un rendez-vous, rajoutez l'idée à votre liste d'objectifs.
Mais s'il s'agit d'une pulsion négative que vous tentez d'éradiquer, observez-la pendant cinq secondes sans agir pour améliorer vos chances de ne pas y céder.

... TRAVAIL

Est-ce que vous aussi, à la fin d'une journée de cours, vous vous sentez super motivé ? « En rentrant, je vais faire tel devoir, puis telle fiche et apprendre mon cours par cœur pour prendre de l'avance et réussir haut la main mon bac ! » Mais une fois chez vous, vous vous retrouvez étendu face contre couette sur votre lit ?
Ou alors, en rentrant du travail, vous vous dites quelque chose comme « je vais faire les courses, cuisiner un bon repas maison, puis ce sera l'heure de ma séance de sport », mais la réalité, c'est qu'une fois descendu du bus, de votre voiture ou du métro, vous allez acheter à la supérette du coin un plat tout prêt que vous allez décongeler, zapper la séance de renforcement abdominal et vous endormir devant une série télévisée ?
Si ça vous rappelle quelqu'un, ne vous inquiétez pas, tout le monde passe par là. Personnellement, j'utilise au quotidien des astuces qui me motivent à accomplir les objectifs que je me fixe.

La règle du lit

Faites votre lit tous les jours et dès que vous en sortez. Cela semble insignifiant, mais les conséquences bénéfiques sont nombreuses :
➧ Vous allez avoir le sentiment de bien commencer votre journée, puisque vous avez déjà accompli quelque chose.
➧ Vous tirez un trait symbolique sur votre nuit et votre journée précédente : aujourd'hui est un nouveau jour !
➧ Vous serez moins tenté de retourner sous la couette pour prolonger votre nuit ou faire une sieste (mais si vous en avez vraiment besoin, allez-y évidemment !).

Le principe des 20 secondes

Nous en avons parlé plus tôt dans ce livre, mais je le rappelle ici. **Tout ce que vous voulez mettre en place dans votre vie doit être simplifié et, *a contrario*, tout ce que vous souhaitez éliminer de votre vie doit être complexifié**. Plus il est facile (ou difficile) d'effectuer une tâche et plus vous aurez de chance d'y arriver (ou d'échouer). Par exemple :
➧ Quand vous rentrez de cours, faites en sorte que votre bureau soit déjà rangé et que vous disposiez du matériel nécessaire : feuilles, livres, cahiers, cartouches d'encre…
➧ Pour éviter d'être tenté, cachez votre téléphone ou votre console tout au fond d'un tiroir à l'autre bout de chez vous. Ou encore mieux, éteignez-les et confiez-les à vos parents avec pour consigne de ne vous les rendre qu'une fois le plan de votre dissertation mis au brouillon.

Ne cherchez pas la perfection

Parfois, on est motivé, on est installé, on a le stylo dans la main ou les doigts sur le clavier, mais on n'arrive à rien. Rien du tout ! On est complètement bloqué. Mon conseil dans ce cas : n'essayez pas de faire les choses parfaitement du premier coup. À trop se mettre la pression, vous risquez surtout de vous stresser et d'être paralysé. En choisissant de se dire « je fais un plan au brouillon et on verra la suite après », vous abaisserez votre niveau d'exigence et vous débloquerez la situation. Et puis... **il est plus simple de venir corriger ce qui ne va pas par la suite que de s'imposer d'obtenir directement un résultat parfait.**

L'effet Zeigarnik

N'accomplissez qu'une seule tâche à la fois et ne passez à la suivante que si vous avez fini la première. Vous ne voyez pas pourquoi cela pose problème de mener deux tâches en parallèle ? Il semble que, en réalité, nous ne sommes pas plus efficaces en traitant plusieurs choses sans les finir, et même que cela nous ralentit.

Si on ne finit pas une tâche importante, on la garde en tête, elle nous obsède et on est inconsciemment en train de la poursuivre, ce qui parasite et détourne une partie de nos capacités de la nouvelle tâche en cours : c'est ce qu'on appelle « l'effet Zeigarnik ».

Imaginez : si toutes les deux minutes vous pensez au problème de maths que vous avez laissé tomber après la deuxième question, vous allez avoir du mal à faire correctement votre devoir de physique, n'est-ce pas ?

Si vous vous demandez comment appliquer cette technique à des tâches impossibles à terminer en une fois, la solution est simple (et vous la connaissez déjà) : il suffit de la fractionner en sous-tâches plus petites. Par exemple : au lieu de « je fais ma dissertation de philosophie », on va se fixer de « trouver la problématique », puis de « mettre le plan au brouillon », et ainsi de suite. Entre chaque étape, vous pouvez faire autre chose sans problème, puisque vous savez que vous avez fini ce que vous deviez accomplir.

Capituler face à la logique

Si vous êtes toujours en train de vous lamenter devant votre bureau, je vais vous dire quelque chose : plus vite ce sera fait et plus vite vous serez tranquille. Vos révisions pour votre bac, vous n'avez pas le choix, vous devez les faire. Donc autant ne pas perdre votre temps à rechigner dans votre coin. Dites-vous que « il faudra bien le faire, donc autant m'en débarrasser tout de suite comme ça : 1) j'arrête de stresser vu que ça sera fait, et 2) j'aurai le temps d'aller au ciné ensuite ».

Je ne suis pas en train de dire que je suis parfaite, que je fais toujours les choses à l'avance et que je n'ai jamais procrastiné. Au contraire, je sais ce qu'on ressent quand on repousse au dernier moment quelque chose que l'on n'a vraiment pas envie de faire parce qu'on ne l'aime pas, parce qu'on estime avoir mieux à faire ou parce qu'on a peur d'échouer. Je sais aussi que, pendant tout ce temps où l'on repousse l'action, l'angoisse monte, on regrette, on culpabilise et on ne profite pas à cent pour cent du moment que l'on s'octroie !

Choisissez de ne plus vous pourrir la vie en repoussant les choses au lendemain : plus vous allez attendre et plus vous allez vous sentir mal.

... SPORT

Une des bonnes résolutions les plus couramment prises chaque début d'année ? Bouger plus ! Il suffit de voir l'explosion des inscriptions dans les salles de sport autour du Nouvel An. Si vous voulez vous défouler après une journée stressante, prendre soin de votre santé, gagner en force ou être plus à l'aise dans votre corps, le sport est une bonne option. Mais tout le monde n'arrive pas à tenir cette bonne résolution, c'est même plutôt rare de réussir à faire du sport régulièrement quand on débute et, qu'on le veuille ou non, c'est une histoire de motivation. Personne n'ira courir à votre place. Personne ne vous fera tomber de votre canapé pour que vous testiez enfin la salsa. Ce désir d'introduire du mouvement dans votre vie doit venir de vous. **Si vous ne vous mettez pas un bon coup de pied aux fesses, vous n'irez jamais faire du sport parce que vous trouverez toujours mieux à faire.**

Sachez pourquoi

Ok, le sport, c'est bon pour la santé, mais savez-vous pourquoi ? À votre avis, qu'est-ce que ça change de faire du sport plutôt que de rester tranquillement dans son canapé ? Ça réduit trois choses qui pourraient vous intéresser : le risque de diabète, celui de mourir d'une crise cardiaque et celui de faire un AVC. Autant d'avantages non négligeables… Mais ce n'est pas tout ! Le sport renforce nos muscles et nous fait gagner en force. Il améliore aussi les capacités

respiratoires, l'endurance, l'équilibre (statistiquement moins de risques de chutes et de fractures chez les personnes âgées). Il est également bon pour notre cerveau puisqu'il améliore nos capacités d'attention et de concentration, et il contribue également à une meilleure santé psychologique : faire du sport réduirait le risque de dépression et l'anxiété. **C'est un fait, le sport est bon pour nous.**

Mais vous, pourquoi pensez-vous à vous y (re)mettre ? Personnellement, je fais du sport pour être en meilleure condition physique, gagner en force, être indépendante et autonome le plus longtemps possible dans ma vie. Adieu la peur de ne pas réussir à soulever sa valise pour la mettre dans le porte-bagage. Au revoir (ou presque) la gêne de faire ralentir tout un groupe parce qu'on n'arrive pas à suivre (je travaille encore dessus, chacun ses faiblesses !). **Je sais exactement pourquoi je veux faire du sport et c'est la base de ma motivation** : sans raison véritable, qu'est-ce qui vous poussera à faire une deuxième séance de renforcement alors que vous êtes déjà tout courbaturé ?

Maintenant que vous avez une raison à long terme de faire du sport, il serait intéressant d'en avoir une à court terme pour ne pas vous démotiver en attendant de voir les résultats arriver. Par exemple :

➧ Faire une bonne action en courant 5 kilomètres pour une association. Vous ne réussirez pas à courir aussi longtemps du jour au lendemain, il faudra donc vous entraîner régulièrement après vous être inscrit pour réussir à mener votre projet à bien.

➧ Se sentir mieux dans sa peau : on est nombreux à rêver de se sentir plus à l'aise en été sur la plage. Si cela vous motive à prendre l'habitude de faire du sport régulièrement jusqu'à cet été, ça sera déjà bien. Attention cependant à trouver une autre raison de continuer quand vos vacances seront terminées. Ce serait dommage de tout arrêter et de ne faire du sport que ponctuellement.

Choisissez bien votre sport

Quand on sait pourquoi on commence à faire du sport, il convient ensuite de se demander quel sport nous convient. Si votre objectif c'est de faire de la plongée en Thaïlande, mettez-vous à la natation ou à la plongée en piscine. Si votre objectif n'est pas aussi évident, listez vos contraintes :

- Est-ce que vous avez un budget à y consacrer ou bien la pratique doit-elle être gratuite ?
- Êtes-vous plutôt sport collectif ou individuel ?
- Préférez-vous pratiquer en intérieur ou en extérieur ?

Réduisez le champ des possibles en répondant à ces questions, et il vous sera ensuite plus facile de prendre une décision. Mais pourquoi choisir tout de suite quand on peut commencer par essayer deux ou trois disciplines différentes et voir ce qui nous plaît le plus ? L'une de vos options va peut-être clairement se détacher du lot !

Planifiez

Il nous reste une dernière question : quand ? Utilisez votre système d'organisation : agenda, téléphone ou Bullet Journal, et bloquez littéralement une période allouée à votre séance.

Vous voulez marcher une heure dans le parc d'à côté dimanche matin : notez dans votre téléphone que, de 9 h à 10 h, vous marchez et programmez même une alerte si vous avez peur d'oublier.

Vous voulez faire une séance de yoga au bureau avant le déjeuner : indiquez dans votre emploi du temps que vous allez au cours proposé par votre entreprise.

La musculation est votre nouveau dada : notez quelles parties du corps vous allez travailler, et à quel moment !

Fixez-vous des objectifs raisonnables

Quand on n'a plus fait de sport depuis les séances obligatoires de l'école et que, du jour au lendemain, on se dit qu'on va s'inscrire en salle et y aller six jours sur sept, on se fixe l'impossible. C'est le meilleur moyen pour se dégoûter et abandonner ses bonnes résolutions, plein de rancœur.

Je vous propose plutôt de vous fixer des objectifs raisonnables, quitte à les réévaluer à la hausse par la suite. Pour un débutant par exemple, se fixer plusieurs petites séances, c'est mieux que de vouloir en faire deux très grosses qui risquent de tuer toute motivation. Pourquoi ? Parce qu'il est plus facile de planifier dans son emploi du temps une vingtaine de minutes que deux heures d'un coup, mais aussi parce qu'il est moins fatigant d'aller au bout d'une courte séance et parce que vous aurez moins de courbatures les jours qui suivront. La conséquence ? Vous y retournerez plus aisément.

Allez-y !

C'est l'étape la plus simple à expliquer, mais également l'une des plus complexes à réaliser : vous savez pourquoi, quel sport, quand et comment, il ne reste plus qu'à ! Personne n'a *a priori* envie de transpirer, d'avoir mal partout après les premières séances, de sentir son cœur s'emballer, d'avoir un point de côté ou de virer écarlate (c'est mon cas : dès que je me mets à bouger, je deviens rouge comme une tomate ! Impossible de le cacher !)... avant d'en prendre l'habitude et de voir l'impact positif sur sa santé. Mon conseil ? Oubliez les petites voix qui vous disent « aujourd'hui, tu n'es pas très en forme, ce serait bien de reporter la séance à demain » ou « tu as trop de choses à faire aujourd'hui, repousse à plus tard, c'est moins important ! » Si vous ne voyez pas pourquoi, je vous invite à retourner lire le chapitre sur les démons intérieurs pour mieux les identifier et vous en défaire progressivement.
Ce sont juste des excuses, et vous valez mieux que ça.

ASTUCE

N°8

RESTER MOTIVÉ PENDANT UNE REMISE EN FORME

➔ **N'ayez pas honte d'y aller très progressivement.** Si vous ne vous sentez pas prêt à attaquer du jour au lendemain une activité sportive spécifique, commencez par la chose la plus simple à mettre en place dans votre quotidien : marchez ! Je me suis récemment mise au défi de faire 10 000 pas par jour tous les jours pendant une semaine (j'ai quadruplé mon nombre de pas moyen en passant de 2 500 pas à 10 000) et j'ai constaté à quel point c'est bénéfique : moins de maux de dos, un meilleur sommeil et un moral au beau fixe. Comme je l'ai expliqué dans ma vidéo, ce n'est pas si simple de faire 10 000 pas par jour quand on est une sédentaire de l'extrême (je vous rappelle que je travaille chez moi et devant un ordinateur, ça n'aide pas !). C'est la raison pour laquelle se tourner vers une activité sportive spécifique est intéressant, car cela permet de bouger autant, voire plus, mais sur un laps de temps plus court. L'exemple le plus parlant est la course à pied : on est sur une forme proche de la marche, mais on parcourt la même distance plus rapidement !

➔ **Toute progression est bonne à prendre (et on aura des jours sans).** Ce n'est pas parce que, dans un parcours, on vous dit de faire 1 minute de planche et que vous n'y arrivez pas que vous êtes nul et que vous devriez abandonner. C'est normal quand on reprend le sport après une longue période d'inactivité de ne faire que 20 secondes de planche. L'important, c'est de s'accrocher, parce qu'à force vous ferez plus ! Rappelez-vous : un peu, c'est mieux que rien du tout !

➜ **N'ayez aucune honte à vous fixer des objectifs minimaux.** Par exemple : « seulement » 10 minutes d'abdos ; dans le « pire » des cas, ça sera toujours 10 minutes de plus que si vous étiez resté sur votre canapé, et dans le « meilleur » des cas, vous serez tellement fier d'avoir tenu bon que vous enchaînerez peut-être sur une deuxième session !

➜ **Piégez-vous :**
- En préparant vos affaires de sport de façon à ne pas avoir à y penser. Ainsi, dès le réveil, au lieu de vous habiller pour partir en cours ou au travail, enfilez votre tenue de sport. Une fois équipé, il sera plus compliqué de ne pas faire votre séance : vous avez déjà fait un premier pas vers votre objectif, il serait dommage de vous être habillé pour rien. L'avantage de ce piège psychologique, c'est qu'il est excessivement facile à mettre en place : vous n'avez qu'à vous habiller.
- Les livres audio sont une excellente option : si vous ne vous autorisez à découvrir la suite de l'histoire que lorsque vous courez, il y a des chances pour que vous soyez plus enthousiaste à l'idée d'enfiler vos baskets !
- Changez votre façon de penser et contournez vos démons intérieurs : au lieu de dire « est-ce que je vais faire du sport ? », demandez-vous plutôt « combien de temps vais-je en faire ? ». Dans le second cas, on sait que l'on va faire notre séance.

➜ **Optez pour un cours collectif ou bougez en musique.** Seul et dans le silence, il y a des chances pour que vous finissiez par vous ennuyer. Personnellement, sans mes musiques préférées et mes podcasts, je ne pense pas que j'aurais tenu dans le temps. Il a été prouvé que la musique a un impact positif sur les performances sportives : diminution de la souffrance ressentie, amélioration des performances en fonction du rythme choisi, meilleure concentration et coordination !

➜ **Suivez votre évolution :** au lieu d'être effrayé par le chemin qu'il vous reste à parcourir, regardez ce que vous avez déjà fait. C'est gratifiant !

QUAND LA VIE
DEVIENT DURE

Vous avez désormais des astuces à votre portée pour vous aider à trouver votre motivation et, dans une certaine mesure, à la maintenir. Grâce à elle vous avancerez plus rapidement vers votre meilleure vie et vous n'abandonnerez pas en chemin. Vous rencontrerez cependant des difficultés au cours de votre existence, qui impacteront forcément votre capital motivation. Du simple contretemps au réel coup dur, il vous faudra redoubler d'attention envers vous-même pour rester votre premier soutien.

Vivre sa meilleure vie ne signifie pas que rien de négatif ne nous arrivera. De la simple mauvaise note au deuil, en passant par des moments de crise et des amis peu loyaux, vous allez vivre des expériences que vous auriez préféré éviter. Il est hautement improbable que votre premier amour soit celui de votre vie (même si cela existe aussi), que vous n'ayez jamais d'accidents ou de maladies, qu'aucun de vos proches ne soit lui-même touché par un coup dur, que vous ne perdiez personne en chemin (temporairement ou définitivement). En bref, les peines de cœur, la maladie et la mort font partie de la vie, ce sont des données qu'il faut accepter. Nous n'avons pas de prise dessus, ce sont des choses que l'on ne contrôle pas et qui nous dépassent totalement. Essayer de les éviter relèverait du mensonge intellectuel.

Si vivre sa meilleure vie n'empêche pas de vivre des moments difficiles et qu'il nous appartient de lâcher prise pour accepter le passé, vivre le présent et ne pas fantasmer sur l'avenir, cela n'implique pas pour autant d'être résigné et de se soumettre aux situations que nous traversons.
On ne peut pas décider de ce qui nous arrive, mais on peut choisir comment y réagir.

Le lâcher-prise

Si vous vous rendez compte que vous avez perdu du temps à ressasser un évènement négatif, que cela a consommé une partie importante de votre énergie, de votre temps et de votre capacité d'attention, lâchez prise. Le lâcher-prise, c'est quand on accepte ses limites. Nous ne sommes pas au centre du monde et nous ne contrôlons pas tout. Il serait donc intéressant de ne pas perdre de temps à désirer quelque chose que l'on ne peut pas changer. Bien qu'il soit utile d'apprendre de ses erreurs, il ne sert à rien de les ressasser ou de passer des heures à refaire le monde.

Le lâcher-prise peut vous aider lorsque, par exemple :

➡ Vous pensez encore à la honte que vous avez ressentie lorsque vous n'avez pas su répondre en réunion.

➡ Vous êtes passé à côté des « Félicitations » ce trimestre, à cause de votre comportement.

➡ Vous regrettez de ne pas avoir dit ceci ou cela à votre ex-petit copain parce que vous pensez que ça aurait pu changer la donne…

Il ne sert à rien de ressasser le passé, parce qu'on ne peut pas le changer.

L'avenir n'est jamais garanti quelle que soit la charge de travail abattue.

On n'a de pouvoir que sur le présent.

QUAND ON TRÉBUCHE

Les petites contrariétés du quotidien peuvent prendre des proportions énormes pour peu qu'on soit de mauvaise humeur ce jour-là. Qu'il s'agisse d'un simple bouchon qui nous met hors de nous, de la critique acerbe d'un collègue qui a récolté des compliments pour un travail que nous avons effectué, de l'énervement instantané contre notre adolescent qui teste nos limites, de la crise de nerfs déclenchée à cause de l'énième e-mail urgent reçu à la dernière minute, ou encore du devoir impossible à faire sur lequel on s'arrache les cheveux (et qui nous arrache quelques larmes au passage), on a tous vécu ce genre de situation et on s'est tous demandé ensuite, avec du recul, comment notre réaction a pu être tellement disproportionnée. Fatigue, stress, angoisse, manque de patience, accumulation de déceptions, tous ces facteurs ont tendance à décupler nos émotions, et en particulier nos émotions négatives. Ce qui devrait simplement nous irriter nous fait exploser. Ce qui ne mérite que de nous inquiéter nous fait éclater en sanglots…

On ne choisit pas ce qui nous arrive, mais on peut choisir comment y réagir, dans une certaine mesure en tous cas ! On ne peut pas faire disparaître une mauvaise note, mais on peut faire en sorte d'en avoir une meilleure la prochaine fois. On ne peut pas faire changer d'avis quelqu'un qui ne veut plus être avec nous, mais on peut rester digne et respectueux. On ne peut pas guérir une maladie en un claquement de doigts, mais on peut se battre. On ne peut pas oublier une tromperie, mais on peut pardonner pour avancer. On ne peut pas raisonner une tête de mule, mais on peut toujours lui laisser l'opportunité de revenir si elle change d'avis. On ne peut pas ramener quelqu'un à la vie, mais on peut choisir d'honorer sa mémoire.

ASTUCE N°9

POUR APPORTER PLUS DE BONHEUR À NOTRE QUOTIDIEN...

ÉVITEZ DE JUGER LES AUTRES

Qu'on les connaisse ou non, qu'ils soient célèbres ou non… on évitera de se comparer, de générer des pensées négatives et de critiquer tout et n'importe quoi. Quand on vous fait de la peine, ne le prenez pas personnellement ; c'est la personne qui éprouve le besoin de se montrer blessante qui a un problème, pas vous. Soyez tout de même responsable et faites la distinction entre une critique constructive et un mot prononcé dans l'objectif de vous faire du mal.

PRENEZ VOTRE VIE EN MAIN

Naturellement, nous avons tous tendance à nous défausser de la responsabilité de nos échecs et à nous vanter de nos succès. Rejeter la responsabilité de sa déception sur les autres (« je n'ai pas eu de chance », « c'est lui qui a tout fait rater », « c'est pas ma faute… ») n'aide pas. Si cette attitude vous procure un certain soulagement, elle vous amène également à vous positionner en victime des événements. Votre volonté, vos capacités et vos envies personnelles n'auraient donc pas eu de prise sur la situation ? C'est un constat plutôt triste, non ? Alors **changez de perspective : donnez-vous les moyens d'atteindre vos objectifs**, positionnez-vous comme un acteur de la situation, et si ça ne marche pas, ce n'est pas grave. Vous aurez tout donné et vous pourrez toujours réessayer plus tard.

SOYEZ DANS L'INSTANT PRÉSENT

Cela signifie couper son téléphone, se poser tranquillement ou aller marcher, prendre le temps de regarder par la fenêtre, de sourire, de savourer chaque minute qui passe, où que vous soyez, avec qui que vous soyez, quoi que vous fassiez, tout simplement parce que cette minute ne reviendra jamais. Prenez aussi du recul. Par exemple, lorsque vous êtes avec des amis, extrayez-vous quelques secondes de la conversation, le temps d'observer les gens autour de vous, les sourires, les rires, les échanges, ressentez tout ce que cela vous apporte d'être entouré de ces personnes que vous aimez, soyez reconnaissant de les avoir dans votre vie. **Savourez ce moment.**

ÉMERVEILLEZ-VOUS

S'émerveiller, c'est avoir la capacité de voir le beau, le magique, le merveilleux, le drôle, le parfait en toute chose et à tout moment. C'est une gymnastique de l'esprit, mais une fois que vous en aurez pris l'habitude, vous ne pourrez plus vous en défaire ! Il peut s'agir du chant des oiseaux au petit matin, des gouttes de rosée sur les pétales de l'hortensia du parc voisin, d'un couple de personnes âgées qui se tiennent par la main, d'un magnifique coucher de soleil... **Nous n'avons qu'une seule vie, autant la rendre merveilleuse.**

DONNEZ...

Rendre service aux autres fait du bien. Non seulement vous avez un impact positif, mais vous avez en plus le plaisir d'être utile. Prêtez une oreille attentive à quelqu'un qui en a besoin, aidez une personne à traverser la rue, à récupérer un article en hauteur dans un rayon de supermarché, participez à une marche verte pour ramasser les déchets éparpillés dans la forêt voisine...

... MAIS SANS JAMAIS RIEN ATTENDRE EN RETOUR

Donnez autant que vous voulez, mais en étant désintéressé.

COMMENT AMÉLIORER SON MORAL AU QUOTIDIEN

Le yoga

Depuis plusieurs années, je fais du yoga et cela me fait du bien. Physiquement, je n'ai plus aussi mal au dos ou à la nuque. J'ai gagné du souffle, je me suis assouplie et gainée, j'ai plus de force et j'ai même perdu quelques kilos au passage. Mais le yoga n'a pas que des bénéfices corporels : j'ai plus confiance en moi, j'apprends que les limites se trouvent avant tout dans la tête, je prends littéralement le temps de respirer. Je bouge avec intention, je me délasse, je me détends... Je ne vais pas vous mentir, il arrive que je déroule mon tapis en ressassant les contrariétés de la journée, mais je finis toujours par les mettre de côté quelques minutes, au moins pour profiter du moment. **Cela me permet de mettre les choses à plat, de prendre du recul et de repartir l'esprit clair pour le reste de ma journée.**

Lire plutôt que scroller

J'ai toujours aimé lire, mais je considérais que je n'avais plus le temps de le faire, jusqu'au jour où j'ai décidé d'arrêter de scroller sans fin après avoir fait le compte du nombre d'heures perdues sur mon téléphone chaque jour. Et miracle, j'ai à nouveau trouvé le temps de lire ! Je me fixe désormais une heure maximale à laquelle je coupe mon téléphone. Depuis, j'ai trouvé le temps de dévorer des dizaines de livres qui n'attendaient que ça depuis des mois. Je vous conseille de lire au lieu de scroller, mais si ce qui vous fait envie, c'est de jouer avec votre chien, de peindre ou de regarder des films muets, faites-vous plaisir ! Le principal, c'est de passer de « perdre deux heures sans

« La joie s'acquiert. Elle est une attitude de courage. Être joyeux n'est pas, une facilité, c'est une volonté. »

GASTON COURTOIS

même vous en rendre compte » à « profiter de deux heures de vrai bien-être ». **Ne soyez plus passif devant votre écran et choisissez ce que vous voulez réellement faire, ce qui va vous faire plaisir et contribuer à vous rendre plus heureux.** Et si, par hasard, il s'agit tout de même de scroller sur les réseaux… vous savez quoi faire !

Marcher

Il est scientifiquement prouvé qu'un manque de luminosité augmente les risques de déprime saisonnière. La solution est simple : si vous avez un coup de blues, mettez vos chaussures, enfilez votre manteau et allez faire un tour dans votre quartier. **C'est simple, efficace, à la portée de la plupart d'entre nous et gratuit !**

Halte aux mauvaises nouvelles

Si, comme moi, vous avez le réflexe de regarder les sites d'informations dès que vous avez votre téléphone en main et que, mauvaise nouvelle après mauvaise nouvelle, cela devient anxiogène : arrêtez ! J'ai déconnecté depuis quelque temps mes applications d'informations, celles sur lesquelles les horreurs du monde m'explosent à la figure dès que je déverrouille mon écran. Et **c'est une libération.** Continuez autant que vous le souhaitez à vous tenir au courant, mais si vous commencez à être affecté par les informations en continu, que vous avez un sentiment permanent de danger imminent, l'impression que le monde était moins dangereux « avant » : une vraie coupure pourrait vous être bénéfique. En déconnectant simplement mes notifications (j'ai supprimé quelques applications au passage), je ne suis plus soumise à un flot continu de nouvelles déprimantes ou stressantes. Je décide de les consulter si et seulement si je le veux, et quand je le souhaite.

Danser

J'ai dansé pendant plusieurs années : de la samba au rock en passant par la danse classique, la salsa, la GR ou le modern jazz, j'aime bouger sur de la musique. J'ai réintroduit la danse dans mon quotidien sans m'en rendre compte : pour un anniversaire, j'ai reçu un casque sans fil et je me suis surprise à me trémousser en étendant le linge ou en nettoyant la cuisine (autant écouter de la musique ou un podcast pendant les tâches ménagères plutôt que de se morfondre de devoir passer par la case « corvées ». Lâchez prise...). Je me sens ensuite plus joyeuse et énergique !

Faire preuve de gratitude

Même dans une journée moyenne, voire décevante, il est possible de trouver une chose pour laquelle on est reconnaissant. Ma recommandation est simple, rapide et à la portée de tous : posez-

vous quelques instants le soir et listez trois choses qui ont eu lieu au cours de votre journée et pour lesquelles vous ressentez de la gratitude. Par exemple, je suis reconnaissante 1) d'avoir un toit ; 2) de vivre dans un pays en paix ; 3) de manger à ma faim. Ou alors 1) je m'entends bien avec la boulangère ; 2) on a prévu de voir des amis ; 3) j'ai mangé une glace au soleil.
Et si vous avez envie de vous dire que vous êtes reconnaissant d'avoir été témoin d'un magnifique lever de soleil plutôt que de ressasser que vous avez dû vous lever à 5 h du matin, je vous répondrai que vous avez tout compris. **Quand on est reconnaissant de ce qui nous arrive, c'est tellement plus facile de se rendre compte que l'on vit déjà sa meilleure vie !**

ET SI ON TOMBE DE HAUT ?

Il semble impossible de voir du positif dans des situations terribles qui nous touchent ou qui touchent des êtres qui nous sont chers. C'est toutefois un exercice faisable, que je vous invite à aborder petit à petit, en vous laissant du temps. Si vous traversez un passage à vide, une grande peine, vous n'avez pas besoin de vous mettre la pression, simplement d'être là pour vous-même. On commencera par tenter d'accepter :

➧ Ce qui est (une maladie, un divorce, un deuil…).
➧ Ce qui n'est plus (la croyance de toujours avoir la santé, le couple que l'on formait, cette personne que l'on aime).

S'il est difficile de voir le positif quand on traverse une maladie, un décès, un divorce, un licenciement ou encore un accident, ces coups durs de la vie nous obligent au moins à l'envisager autrement. Ils peuvent nous permettre d'adopter un nouveau point de vue et de découvrir des opportunités que l'on n'aurait habituellement pas remarquées et encore moins saisies.

ASTUCE N°10

VOIR LE POSITIF DANS LES TRAUMATISMES DE LA VIE

Pour réussir progressivement à retirer quelque chose de positif de vos traumatismes passé, voici ce que vous pouvez faire…

➜ **Notez ce qui vous a secoué :** décrivez le plus précisément possible ce moment sombre de votre vie, entrez dans les détails, posez des mots sur la situation que vous avez vécue, ce que vous avez ressenti, comment vous avez réagi, les souvenirs qu'il vous en reste.

➜ **Notez ensuite un maximum de choses positives liées à cet événement** : observez comment il a impacté votre vie, regardez comment un traumatisme vous a poussé à arrêter de fumer, à vous mettre au sport, à changer de profession ou encore à reprendre vos études. Une rupture amoureuse peut être vécue comme un échec personnel ou une perte de temps. Pourtant, dans quelques mois, vous allez réaliser que c'était pour le mieux : cela vous a permis de rencontrer quelqu'un d'autre qui vous correspond vraiment, de prendre du recul sur ce que vous vouliez pour vous, de mieux choisir vos relations, d'apprendre à vous apprécier, de vous rendre compte que vous aviez idéalisé cette personne qui partageait votre vie et que vous étiez même en train de renoncer à vos rêves sans vous en rendre compte (oui, un jour, vous lui serez peut-être reconnaissant de vous avoir largué).

Il est facile de voir le positif dans beaucoup de situations.

➡ Vous avez appris que votre récente conquête n'est pas exclusive ? Vous vous êtes évité des prises de tête.

➡ Vous avez eu une belle grippe la semaine dernière et vous étiez au bout du rouleau ? Vous êtes désormais reconnaissant d'être en bonne santé.

➡ On vous a fait la remarque que vous n'avez pas l'air épanoui dans votre travail ? Vous avez réalisé qu'il y avait un fond de vérité et qu'il faudrait peut-être envisager des changements.

➡ Un accident de voiture a détruit votre véhicule et vous êtes bon pour en racheter un ? Vous êtes soulagé d'en être sorti indemne...

Si vous êtes dans une situation de ce type : félicitations, vous allez pouvoir vous exercer facilement à éprouver plus de gratitude ! Remerciez la vie de vous avoir montré qu'une personne de votre entourage ne mérite pas votre confiance, d'être en bonne santé la plupart du temps et d'avoir envie de vous améliorer.

Si votre situation actuelle est vraiment difficile, laissez-vous du temps. Du temps pour pardonner, du temps pour accepter, du temps pour aller de l'avant. Vous avez probablement déjà entendu parler des sept étapes du deuil : le choc, le déni, la colère, la tristesse, la résignation, l'acceptation et enfin la reconstruction. C'est l'ensemble des stades par lesquels on passe théoriquement lorsqu'on fait le deuil d'une personne, d'une relation ou, plus globalement, d'un état perdu (licenciement, déménagement soudain, maladie…). En fonction de son caractère et de ce que l'on a déjà vécu, on vivra différemment son deuil : on peut passer peu de temps sur certaines étapes comme le choc ou la colère, mais avoir énormément de mal à accepter et ne pas pouvoir se reconstruire sainement sans aide extérieure.

> *« Il est nécessaire de comprendre la réalité avant de pouvoir l'accepter, et seule l'acceptation de la réalité peut permettre la guérison. »*
>
> J.K. ROWLING (DUMBLEDORE)

Les sept étapes du deuil

Elisabeth Kübler-Ross a conceptualisé la première les sept étapes du deuil. Elle les décrit comme suit :

➜ **Le choc :** c'est le moment où on apprend que tout bascule : « je te quitte », « vous êtes renvoyé », « vous avez un cancer », « c'est fini ».

➡ **Le déni :** c'est refuser de croire l'information qu'on nous a précédemment donnée, c'est nier ce qui nous arrive. « Ce n'est pas vrai », « je ne peux pas le croire », « tu mens ! », « il y a forcément une explication ! »

➡ **La colère :** tout est dans le titre… Colère, ressentiment, révolte, sentiment d'injustice, désir de vengeance, c'est le début des montagnes russes ! « Ils le méritent, c'est de leur faute ! », « il va le payer ! »

➡ **La tristesse :** désespoir, regret, remords, sentiment intense de solitude… On est toujours dans les montagnes russes, mais l'énergie de la colère nous a quittés. On commence à accepter la réalité. « Qu'est-ce que je vais devenir ? »

➡ **La résignation :** c'est l'abandon de la lutte. On n'accepte pas encore l'évidence, mais on se résigne. « Je ne peux rien y faire. »

➡ **L'acceptation :** celle de la perte (d'une personne, d'un couple, d'un travail, d'un endroit). On commence à penser à l'avenir, à « l'après ». « J'y pense encore, mais ça va mieux. »

➡ **La reconstruction :** on retrouve de l'énergie et de la confiance en soi. On envisage l'avenir de façon positive, on s'organise pour avancer. « J'ai un projet. »

> « Il ne s'agit ni d'effacer, ni d'oublier, ni de banaliser ce qui s'est passé : pardonner, c'est décider de s'en libérer et de ne plus en souffrir. »
>
> CHRISTOPHE ANDRÉ (PSYCHIATRE FRANÇAIS)

Si vous avez le sentiment de ne pas avoir réussi à faire votre deuil, de ne pas parvenir à vous détacher de votre passé et que vous êtes figé dans votre douleur, votre colère, votre tristesse, sans pouvoir aller de l'avant : parlez-en. Parlez à quelqu'un de confiance, à un membre de votre famille, à un ami proche, mais ne gardez pas toutes vos émotions enfouies. Vous n'êtes peut-être pas encore prêt à en parler parce que vous êtes toujours sous le choc de l'annonce de votre licenciement ou dans le déni de la demande de divorce de votre conjoint, mais cela finira par venir. Et **le jour où vous ressentez le besoin de vider votre sac, faites-le.** Si en lisant ces lignes, vous vous rendez compte que vous en avez besoin, mais que vous ne voyez pas à qui vous confier, sachez qu'il existe une multitude d'organismes qui peuvent vous aider : des centres d'appels spécialisés dans le service d'écoute de la personne jusqu'au rendez-vous avec un psychologue professionnel.

Kintsugi

Ce n'est pas parce qu'une mauvaise chose vous arrive que vous êtes une mauvaise personne ou que vous l'avez mérité. Ce n'est pas parce que vous êtes blessé que vous ne pouvez pas aller de l'avant et vous reconstruire. Et ce n'est pas parce qu'on porte les séquelles de mauvais moments que l'on n'est pas beau.

Ce qui nous arrive, mais aussi la manière dont on y répond nous façonnent. On grandit, on évolue et on change au gré des événements, de nos décisions. Et au final, on est porteur de marques et de cicatrices, visibles comme invisibles, qui font partie de ce que nous sommes et qui nous rendent uniques.

Au Japon, le Kintsugi est une technique de réparation de céramiques brisées portée au rang d'art : pour faire reprendre sa forme initiale à l'objet cassé, au lieu d'en masquer les réparations, on les met en valeur en soudant les morceaux avec une laque de poudre d'or. L'objet brisé bénéficie alors d'une nouvelle vie qui révèle son histoire propre : elle est cousue d'or. Tout comme une porcelaine, votre vie brisée peut prendre un nouveau départ.

Vous pouvez choisir de tirer de votre passé un enseignement positif et de l'accepter comme faisant partie de votre histoire pour mieux commencer un nouveau cycle de vie. Vous êtes différent, vous êtes là.

LA QUESTION **DU TEMPS**

Vous savez désormais à quoi ressemble votre meilleure vie et vous êtes motivé comme jamais pour en faire votre réalité. Il ne vous manque plus qu'une seule chose essentielle : le temps.

Malheureusement, c'est aussi l'excuse que j'entends le plus quand j'essaie d'apporter des pistes d'amélioration : « J'aimerais bien mais je n'ai pas le temps. » On a tous déjà sorti cette excuse, parfois en y croyant vraiment et d'autres fois pour se débarrasser d'une personne (ou de sa conscience) qui pose un peu trop de questions. Cette phrase est l'argument ultime : celui qui vous coupera dans n'importe quel élan de motivation et de bonne volonté. Que vous vous en souveniez ou non, vous l'avez forcément déjà entendue (ou utilisée) sous une des formes suivantes : « J'aimerais bien faire du sport plus souvent, mais avec mon travail, je n'ai pas le temps », « j'aimerais bien écrire un livre, mais c'est trop long, et en ce moment, je n'ai pas le temps », « j'aimerais bien me mettre au dessin, mais je n'ai pas le temps de prendre des cours »...

Vous êtes peut-être un peu vexé. Si c'est le cas et que vous vous sentez visé par ces exemples, ne le prenez pas mal. Vous n'êtes pas seul, j'ai fait exactement la même chose ! On passe tous par là, et ça m'arrive encore sans même que je m'en rende compte. Il n'y a pas de honte à ça. Notre cerveau oppose toutes ses forces au changement, parce qu'il aime la facilité de l'habitude. Mais si votre objectif correspond réellement à votre meilleure vie et que vous avez précédemment intégré une ou deux techniques de motivation, alors je vous garantis que le temps ne vous manquera pas.

Témoignage personnel

MON LIVRE ET MOI

J'aurais très bien pu abandonner l'idée de ce livre.

Franchement, écrire un livre de plus de 200 pages, le relire, le corriger, suivre la mise en page et le choix de la couverture en quelques mois, ça semble difficile (vous entendez mon rythme cardiaque s'accélérer en écrivant ces lignes ? Mais dans quoi me suis-je lancée !).

Mais si je vous dis qu'en parallèle, j'ai continué mon travail au même rythme : j'ai écrit, produit, tourné et monté une quinzaine de vidéos durant l'écriture de ce livre. Pour quelqu'un qui pensait « ne pas avoir le temps », je l'ai trouvé. Si bien d'ailleurs qu'on a dû restreindre le nombre de thèmes initialement listés (j'ai beaucoup d'autres sujets en réserve, mais c'est une autre histoire...).

Vous vous demandez comment je fais ? Au lieu de me dire « je n'ai pas le temps », je le trouve. Je récupère chaque minute, chaque seconde de libre et je les utilise pour créer ce que vous avez actuellement entre les mains. Par exemple, j'écris ces mots dans le métro parisien (« Mouton-Duvernet, Mouton-Duvernet ! »), directement sur l'application « note » de mon téléphone ! J'ai encore quelques stations avant d'arriver à destination, et si les trente prochaines minutes me permettent de poser 300 mots de plus, je les prends ! Vous vous dites que, pour seulement 300 mots, j'aurais pu attendre un autre moment. Je ne suis pas d'accord : ***un vaut plus que zéro*** *et ce sera toujours 300 mots de moins à écrire plus tard ! (« Denfert-Rochereau, Denfert-Rochereau ! »).*

Vous avez probablement rencontré dans votre vie une personne qui vous donne le sentiment que vous échouez, ou qui vous impressionne par son organisation et son efficacité à toute épreuve. Face à elle, vous vous sentez mou, inutile, lent, bref, un véritable échec sur pattes, je me trompe ? Vous n'êtes pas seul à vous être fait cette réflexion, à avoir vécu cette situation, et je vais vous raconter une petite histoire pour illustrer ce sujet. Pendant longtemps, j'ai admiré ma colocataire, qui semblait réussir à tout faire dans sa vie : gérer sa vie amoureuse, sa vie sociale, ses études et même ses recherches de stages dans un secteur pourtant pointu et très compétitif. Je me demandais souvent « comment fait-elle ? », « où trouve-t-elle le temps ? », et en écho, je me répétais « je n'arriverai jamais à faire comme elle, je ne suis pas efficace comme ça et encore moins motivée » (vive les démons intérieurs !). Je ne comprenais vraiment pas comment elle pouvait réussir là où j'avais l'impression de me noyer dans mes obligations.

La réponse était simple : elle ne gaspillait aucune seconde de son temps. Toute sa journée, du lever au coucher, était tournée vers ses objectifs. Si son but du moment, c'était de trouver un stage, elle pouvait passer la journée à postuler de tous les côtés, s'inscrire à des rendez-vous dans le secteur qu'elle recherchait, reformuler son CV et sa lettre de motivation, questionner des anciens sur les procédures d'entretiens, les valeurs clefs... C'est vrai, tout le monde n'est pas prêt à sacrifier sa vie personnelle pour son travail et vous ne voudriez pas nécessairement être comme elle. Seulement, son objectif du jour pouvait tout aussi bien être dédié au bien-être avec une journée 100 % détente qui ressemblait à ça : brunch entre amies, manucure, promenade, cours de sport et une soirée devant un épisode de *Friends* ou *Sex and the City*. Au final, non seulement ce mode de vie lui réussissait, mais elle était également moins stressée que moi. J'ai réalisé que la clef de ses journées résidait dans l'économie de temps le jour où elle m'a dit : « On n'a tous que 24 heures dans une journée. » C'est à ce moment précis que j'ai compris toute l'implication de cette phrase. Elle a changé ma vision des choses et, avec un peu de temps, ma vie.

Le constat est simple : nous n'avons tous que 24 heures dans notre journée (mais normalement, je ne vous apprends rien pour l'instant). Partout dans le monde, des milliards d'individus dorment, puis se lèvent, remplissent leur journée et se couchent, le tout sur une période de 24 heures. Nous sommes tous logés à la même enseigne : jeunes ou vieux, pauvres ou riches, célèbres ou inconnus, nous n'avons que 24 heures pour accomplir nos objectifs.

« On n'a tous que 24 heures dans une journée » signifie aussi que la personne que vous admirez n'a eu que 24 heures par jour pour arriver là où elle se trouve, aussi impressionnants, spectaculaires ou même visionnaires soient ses accomplissements. 24 heures et pas une seconde de plus. Et vous savez quoi ? Vous aussi vous disposez de ces 24 heures, et bien utilisées, elles pourraient vous aussi vous mener loin sur le chemin de votre meilleure vie.

Il est essentiel de dormir suffisamment

Un manque de sommeil impacte globalement notre santé. Si on ne dort pas assez, on se sent évidemment fatigué pendant la journée, on a du mal à se concentrer, du mal à comprendre les choses et encore plus à les retenir. Mais là où ça devient vraiment grave, c'est sur le long terme : les risques de développer du diabète, de l'obésité ou des problèmes cardiaques sont accrus. Ainsi, **évitez de grappiller du temps sur votre sommeil et en particulier de manière prolongée** (une fois de temps en temps, ça peut arriver à tout le monde : on a tous eu un devoir à finir en urgence ou une soirée qui dure jusqu'au petit matin...).

C'est bien beau, mais combien de temps faut-il dormir exactement ? On estime qu'**il est nécessaire de dormir entre 6 et 9 heures par nuit.** Je suis d'accord avec vous, c'est une fourchette un peu large : tout dépend de votre âge, de votre état de santé et de votre activité physique. Personnellement, je dors entre 7 et 8 heures par nuit (ce qui correspond à la moyenne française) et je suis en forme au réveil.

Si vous rencontrez des problèmes d'insomnies chroniques, je vous recommande d'aller consulter un professionnel de santé : il peut aussi bien s'agir d'une simple carence en magnésium que d'un problème de thyroïde. **Prenez soin de vous, vous le méritez.**

« J'aimerais bien, mais je n'ai pas le temps » : le souci avec cet argument massue censé annihiler toute tentative de changement, c'est qu'il est faux. Je vais vous montrer pourquoi, où et comment libérer du temps pour vivre votre meilleure vie. Que ce soit pour bouquiner tranquille dans votre fauteuil trente minutes chaque soir, travailler sur votre idée géniale ou prévoir enfin des vacances entre amis, je vous promets que, lorsque vous refermerez ce livre, **vous aurez du temps pour réaliser vos rêves**. Alors… êtes-vous prêt à redécouvrir vos journées ?

ASTUCE N°11

POUR MIEUX DORMIR

Pour être efficace au cours de sa journée, il est essentiel de bien dormir et assez. Voici quelques astuces pour améliorer la qualité de votre sommeil :

➧ **Ayez votre chambre à la bonne température** (18-19 °C suffisent, au-delà, la chaleur risque de vous réveiller).

➧ **Mettez des boules anti-bruit si nécessaire** (bruits de circulation, des voisins, ronflements de votre conjoint…).

➧ **Coupez les sources de lumière**. N'oubliez pas d'éteindre vos appareils plutôt que de les mettre en veille, pour éviter qu'ils clignotent et consomment également de l'énergie pour rien.

➧ **Mettez votre téléphone en mode avion** (pour ne pas être réveillé par des sonneries ou des vibrations pendant la nuit).

➧ **Évitez les écrans au moins une heure avant de dormir.** À la place, vous pouvez lire, téléphoner à quelqu'un, écouter de la musique, discuter avec votre famille, dessiner, tenir votre Bullet Journal, écrire dans votre journal intime…

➧ **Évitez les siestes dans la journée** (pour ne pas être déjà reposé le soir et avoir du mal à vous endormir).

➧ **Évitez les boissons énergisantes ou caféinées** après 4 h de l'après-midi.

➧ **Évitez le sucre le soir** pour ne pas ralentir la production de mélatonine (aussi appelée « hormone du sommeil »).

➧ **Mangez léger** (le gras, le sucre et l'alcool ralentissent l'endormissement).

➧ **Faites du sport régulièrement** (mais pas juste avant de vous coucher) : l'endormissement est plus rapide, le sommeil profond est atteint plus vite et dure plus longtemps. Globalement, ce sont moins de micro-réveils qui vous attendent et une meilleure récupération.

➧ **Limitez au maximum votre stress.** Organisez-vous de façon à être moins angoissé à l'idée d'oublier quelque chose d'important (pensez liste, agenda, rappel téléphonique, Bullet Journal, planner, post-it…). Ainsi, vous ne passerez pas des heures à vous retourner dans votre lit en vous demandant ce que vous avez oublié.

➧ **Utilisez des cocktails d'huiles essentielles « spécial sommeil ».** Pulvérisez-les sur votre oreiller ou sur vos draps : attention, les huiles essentielles ne sont pas recommandées pour les femmes enceintes ou allaitantes, les jeunes enfants et les animaux domestiques.

➧ **Si vous vous réveillez malgré tout en pleine nuit, ne luttez pas et levez-vous franchement.** Allez lire, buvez un verre d'eau, passez aux toilettes et retournez vous coucher. Ce sera plus efficace que de passer trente minutes à vous énerver parce que vous n'arrivez pas à dormir et qu'il ne nous reste que deux heures avant que le réveil ne sonne pour de bon…

➧ **Pour vous détendre et réussir à vous endormir même quand vous avez des soucis, je vous recommande une mini-séance de méditation** (qui va tourner court quand vous vous endormirez). C'est simple : inspirez profondément, expirez profondément. Répétez cela en vous concentrant pour étirer vos respirations. Quand vous aurez pris le rythme, et si vous ne dormez pas déjà, vous pourrez vous concentrer sur votre visage. Vous allez détendre progressivement vos muscles : détendez vos épaules, relâchez votre nuque, desserrez vos mâchoires, laissez votre langue se décoller de votre palais, détendez vos joues, gardez les yeux gentiment fermés, défroncez vos sourcils, détendez votre front et essayez de conserver cette attitude. Au bout de quelques minutes, entre votre respiration lente et profonde et la relaxation des muscles de vos épaules jusqu'au sommet de votre crâne, vous vous endormirez.

➜ **Si vous avez mal au dos ou à la nuque et que cela vous empêche de bien dormir, pensez à examiner votre literie,** qui est peut-être trop vieille ou trop molle. Avant d'investir dans un nouveau matelas, vérifiez d'abord qu'il n'a pas tout simplement besoin d'être retourné pour retrouver une forme plus homogène (le dessus passe en dessous et la tête devient le pied de lit). En dernier lieu, changez votre oreiller et votre matelas pour un meilleur soutien de votre colonne vertébrale.

ANALYSER LA SITUATION

Comme je viens de vous le dire, on a tous le temps. Quoi que vous en pensiez et aussi chargé votre quotidien soit-il. Vous avez peut-être l'impression que vraiment, définitivement, je me trompe et que que vous ne pouvez pas réussir à caler quoi que ce soit de plus dans votre journée déjà archi-pleine.

Je veux bien vous croire, mais pleine de quoi ? Vous avez probablement couru dans tous les sens, épuisé votre quantité de stress au travail ou en cours, préparé le repas pour la famille ou fait vos devoirs en vous arrachant les cheveux. Mais est-ce que vous avez avancé sur vos objectifs ? Est-ce que vous avez pris le temps de mettre au brouillon les grandes lignes de votre roman ou de faire un croquis de votre prochaine aquarelle ? Avez-vous débuté vos recherches pour votre prochaine escapade ou demandé des devis pour vos futures rénovations ? Non ? À quel point estimez-vous que cette journée vous a fait avancer vers votre meilleure vie ? Si vous n'osez pas vous poser la question, c'est que vous avez déjà la réponse.

Encore une fois, il n'y a pas de honte à avoir : on a tous des jours « sans ». L'important, c'est que ça ne devienne pas une habitude, sans quoi vous ne pourrez pas avancer.

Il y a des jours où je n'ai pas une minute à moi. Lorsque je me mets au lit, j'ai l'impression de n'avoir eu aucun temps mort. Dans ces conditions, comment imaginer pouvoir caser quoi que ce soit de plus, meilleure vie ou pas ? Dans la réalité, il me suffit d'observer un peu le déroulé de ma journée pour me rendre compte que j'ai perdu beaucoup de temps inutilement. Je vais vous donner des astuces pour analyser vos journées et comprendre comment dénicher du temps pour des moments rien qu'à vous.

Vous vous lamentez peut-être intérieurement en ce moment : « Mais Margaux, j'ai deux enfants, un travail à temps plein et deux heures de transports en commun par jour, comment peux-tu me dire que j'ai le temps ! » Ou alors : « Je suis en prépa, en prépa, ok ? Je n'ai de temps pour rien d'autre qu'étudier, manger et dormir ! » Je comprends totalement que vous soyez irrité : vous avez réellement beaucoup à faire. **Mon objectif n'est pas de minimiser les efforts que vous faites déjà au quotidien.** Loin de là. Et je ne suis pas non plus en train de vous promettre que vous allez miraculeusement libérer deux heures tous les jours. Par contre, je vous promets que vous allez trouver dans votre journée au moins trente minutes que vous pouvez utiliser différemment.

Ça vous semble inutile ? Ridicule ? Vous riez en lisant « trente minutes » ? Prenez quelques secondes pour imaginer que vous avez quinze minutes tous les jours de bus pour aller en cours ou au travail. Du jour au lendemain, vous décidez de ne plus vous contenter d'attendre sans rien faire à votre arrêt mais de les utiliser pour apprendre le chinois (vous avez toujours rêvé de visiter la Chine et vous trouvez qu'il serait particulièrement utile de parler la langue pour vivre à fond cette expérience). « Quinze minutes ? Mais ça ne sert à rien ! Autant se détendre un peu, je le mérite avec cette grosse journée », s'exclame probablement votre démon intérieur (qui est très doué pour nous convaincre qu'il s'exprime pour notre bien !). Quinze minutes aller et retour par jour (sur 5 jours), ça fait deux heures et demi par semaine, soit cent dix heures par an (c'est presque quatorze journées de huit heures dédiées au chinois). En seulement un an, avec deux fois quinze « petites » minutes par jour, vous allez apprendre les bases de cette langue complexe. Grâce à ces quinze minutes qui semblaient inutiles et inexploitables, vous maîtriserez les bases pour envisager votre voyage en Chine ! Incroyable, n'est-ce pas ?

Le temps, c'est de l'argent

Il existe un parallèle intéressant entre le temps dont on dispose et l'argent.

Imaginez que, chaque jour, vous recevez sur votre compte en banque 86 400 €, mais qu'à la fin de la journée, chaque euro non dépensé disparaît définitivement. Qu'allez-vous faire ? Vous utiliseriez probablement vos sous efficacement. Le moindre centime servirait à acheter, investir, serait donné à un ami, à la famille, à une association...

La réalité n'est pas si différente : vous disposez chaque jour de votre vie de 86 400 secondes à dépenser, et à minuit, elles sont définitivement passées.

Cela vous donne peut-être envie de vous lancer dans le tricot, d'apprendre à jouer du violon, de faire un plan détaillé de votre futur roman, de lancer une étude de marché pour votre idée, de planifier votre *road trip* australien ou encore de démarrer une initiation à l'entomologie ? Superbe ! Seulement, votre démon intérieur est déjà à l'œuvre : « Parce que tu crois pouvoir faire ça ? Tu n'as déjà pas le temps de te couper les ongles ou même d'aller chez le dentiste, comment penses-tu pouvoir débloquer quinze minutes par jour. Tu rêves autant que cette Margaux qui pense pouvoir t'aider, oui ! » Chut. Ça va aller. Prenez une grande inspiration, une longue expiration. Il existe des personnes réellement surbookées, mais elles sont très rares. **Si vous observez honnêtement vos journées, vous vous rendrez compte que vous pouvez effectivement libérer un peu de temps utilement.**

ASTUCE

N°12

LE PLANNING INVERSÉ

Au lieu d'établir un planning prévisionnel pour vos journées, je vous conseille de consigner vos actions passées. C'est le planning inversé. Grâce à lui, vous aurez une vision objective de l'ensemble de votre journée et vous analyserez mieux la répartition du temps sur une journée.

Vous voulez découvrir où se cache votre temps libre ? Il vous suffit de vous munir d'une feuille et d'un stylo, ou même de votre application de prise de notes. **Heure après heure, vous noterez tout ce que vous avez fait pendant une journée.** Essayez de ne rien oublier, pas même les 10 minutes de Twitter par-ci, les 30 minutes de Snapchat par-là, l'heure de scrolling sur les sites d'informations et les 2 heures de Netflix.

Le mieux serait évidemment de pousser la chose sur une semaine, surtout si votre emploi du temps varie beaucoup en fonction des jours (si vous vous occupez des enfants les lundis, mardis, jeudis et vendredis et que votre conjoint se charge de les emmener aux activités extra-scolaires les mercredis et les week-ends, vos journées seront très variables !).

POUR VOUS DONNER UN EXEMPLE,
VOICI LE DÉTAIL D'UNE DE MES JOURNÉES :

➡ 7h30-8h : Instagram, Twitter, tri rapide des e-mails indésirables
➡ 8h-9h : Petit-déjeuner, nourrir les chats, douche, lit
➡ 9h-10h : Réponse aux e-mails
➡ 10h-10h30 : Gestion de la boutique, préparation des commandes, vérification des stocks
➡ 10h30-11h : Instagram, YouTube
➡ 11h-12h15 : Suite et fin des e-mails
➡ 12h15-13h10 : Déjeuner en famille à l'extérieur
➡ 13h10-14h : Transports en commun
➡ 14h-14h30 : Discussion avec Céline H
➡ 14h30-14h45 : Instagram (oui, c'est un problème chez moi)
➡ 14h45-16h15 : Tournage avec Céline H
➡ 16h15-16h30 : Papotage
➡ 16h30-17h20 : Transports en commun
➡ 17h20-18h10 : Papotage avec Bulledop
➡ 18h10-20h45 : Préparation de nouveaux designs pour la boutique
➡ 20h45-01h15 : Dîner et jeux chez Bulledop
➡ 01h15-1h30 : Transports en commun
➡ 01h30-02h : Rangement, brossage de dents, démaquillage
➡ 02h-02h15 : ... Instagram ! (Puis dodo)

Vous remarquerez que j'ai perdu ce jour-là **1h30** sur Instagram (et je me rends compte qu'il va falloir que je travaille là-dessus, personne n'est parfait) et **1h55** dans les transports en commun (vous comprenez mieux pourquoi j'en profite pour écrire ? Imaginez ce que vous pourriez faire pendant ce temps-là si vous aussi vous le preniez !).

Ce genre de bilan est très révélateur du temps dont on dispose réellement et de la façon dont on choisit de le dépenser... parfois sans même s'en rendre compte.

VOTRE PLANNING INVERSÉ SUR UNE JOURNÉE

➡ ....
➡ ....
➡ ....
➡ ....
➡ ....
➡ ....
➡ ....
➡ ....
➡ ....
➡ ....
➡ ....
➡ ....
➡ ....
➡ ....
➡ ....
➡ ....
➡ ....
➡ ....
➡ ....
➡ ....
➡ ....
➡ ....
➡ ....
➡ ....
➡ ....
➡ ....
➡ ....
➡ ....
➡ ....
➡ ....
➡ ....
➡ ....
➡ ....

SUPPRIMER L'INUTILE

Vous l'avez compris, si vous reprenez vos propres notes, vous remarquerez probablement que vous avez perdu du temps : une heure au total sur Instagram ? Deux heures de séries télévisées le mardi soir ? Cinq heures de jeux vidéo le week-end ? Deux heures en cuisine tous les soirs ?

C'est une belle nouvelle !

Cela signifie que vous pouvez passer à l'étape de l'optimisation. Observez le planning inversé de votre semaine passée et surlignez dans la couleur de votre choix tout ce que vous estimez être superflu. Puis comptez le nombre de minutes (ou même d'heures) gagnées si vous décidez de vous en passer. **Vous êtes totalement libre de conserver des moments de distraction dans votre semaine. Tout ce que cette méthode vous propose, c'est que vous le fassiez consciemment. Vous ne vous retrouverez plus le dimanche soir à vous demander où a bien pu passer votre semaine.**

Comme j'ai un métier atypique et qui varie beaucoup d'un jour à l'autre, je vous propose de décrypter une journée type du temps où je travaillais encore en entreprise, ce sera plus parlant :

➧ 6h30-6h45 : Réveil, appuyer sur le bouton « repousser de 5 minutes » trois fois

➧ 6h45-7h45 : Vrai réveil, petit-déjeuner, brossage de dents et maquillage, puis départ

➧ 7h45-8h45 : Transports en commun

➧ 8h45-12h45 : Travail

➧ 12h45-13h15 : Pause déjeuner

➧ 13h15-13h45 : Papotage

➧ 13h45-16h : Travail

➧ 16h-16h15 : Pause à la machine à café

➡ 16h15-18h30 : Travail
➡ 18h30-19h30 : Transports en commun
➡ 19h30-19h45 : Courses
➡ 19h45-20h45 : Préparation du dîner, repas
➡ 20h45-21h : Coup de fil à un ami/à la famille
➡ 21h-22h30 : Séries télévisées
➡ 22h30-23h : Douche, brossage de dents, soins du visage
➡ 23h-24h : Instagram, Facebook et autres vidéos YouTube

Vous conviendrez que cette journée est déjà très chargée et qu'il semble difficile d'en faire beaucoup plus. Mais c'est sans compter votre merveilleux sens de l'observation ! Car potentiellement, ce sont bien 4h45 qui pourraient être utilisées différemment.

➡ **Les 2 heures de transports en commun** pourraient servir à lire, écrire, développer une idée d'entreprise, répondre à des e-mails personnels, écouter un podcast pour se divertir ou pour apprendre... Nombreuses sont les possibilités bien plus intéressantes que d'attendre votre métro, puis votre arrêt, de faire vos changements, d'attendre un nouveau transport, de marcher ensuite jusqu'à chez vous, le regard morne, le visage fermé et le pas pressé.

Si on creuse un peu plus, au-delà de ces 2 heures, on trouve vite par-ci par-là du temps qui pourrait être utilisé différemment (au moins occasionnellement).

➡ **Je pense notamment aux 15 minutes de *snooze* du début de journée**, pour lesquelles je vous propose deux options :
• soit on décale définitivement le réveil de 15 minutes, plutôt que de s'infliger tous les matins ce pseudo-réveil dont on ressort plus fatigué qu'autre chose ;
• soit on se lève vraiment à la sonnerie et on profite de ces 15 minutes pour bien commencer la journée (par exemple : prendre un vrai bon petit-déjeuner plutôt qu'un café rapide, faire

une séance de yoga, de sport ou marcher jusqu'à l'arrêt suivant pour entretenir son corps, bouquiner au lit avant de dédier sa journée au travail, écrire quelques lignes dans un journal personnel et prendre le temps de poser ses intentions pour la journée…).

➧ **On pourrait choisir aussi de ne pas passer 1h30 tous les soirs devant la télévision, puis 1 heure de plus sur les réseaux sociaux** (d'autant plus avant de dormir, car la lumière bleue émise par les écrans diminue la qualité de notre sommeil). Je le dis à nouveau : je n'ai rien contre les distractions. Nous en avons tous besoin pour nous changer les idées, peu importe la forme qu'elles revêtent (télévision, lecture, théâtre, sport, art, musique…). Seulement, comme pour tout, il est important de trouver un équilibre afin de ne pas faire comme moi à une époque : enterrer sa vie sous des distractions à tel point qu'on ne sait plus ce qu'on aimerait faire en dehors de finir notre série qui nous permet d'oublier qu'on croule sous le travail. Distrayez-vous, mais éventuellement, et si le cœur vous en dit, changez vos habitudes de temps en temps. Qui sait, vous allez peut-être vous découvrir une passion pour la poterie ou l'aquarelle ? Passer plus de temps en famille autour de jeux de société poilants ou acquérir une nouvelle aptitude durant votre temps libre ?

À l'heure des réseaux sociaux, faites régulièrement le tri. Sur Instagram, Facebook, Twitter et YouTube : désabonnez-vous ! Je le fais régulièrement pour ne pas me sentir oppressée soit par le nombre de notifications que je reçois au quotidien, soit par les posts qui véhiculent des valeurs dans lesquelles je ne me reconnais pas (ou plus). Quand je commence à douter de moi parce que ma vie me semble ratée à côté de celle de telle ou telle Instagrameuse, je sais que ça va trop loin et je me désabonne. Si suivre telle personne ou tel compte ne vous apporte rien de positif, pourquoi le faire ? Désabonnez-vous, vous vous sentirez plus léger, vous recevrez moins de notifications, vous ne croulerez plus sous les contenus et vous n'en serez que plus serein. **N'ayez pas peur de choisir.**

ASTUCE N°13

PASSER MOINS DE TEMPS SUR SON TÉLÉPHONE

Vous vous doutez que vous passez beaucoup de temps sur votre téléphone, mais sans réussir à quantifier la durée perdue de cette façon ? L'addiction aux réseaux sociaux est telle que les constructeurs de smartphones eux-mêmes proposent désormais des outils intégrés qui mesurent le temps journalier passé avec notre écran allumé. Il est même possible de connaître le détail, application par application. On peut ainsi se rendre compte que l'on passe 4 heures par jour sur son téléphone, dont 2 heures sur Facebook et 30 minutes sur Snapchat, pour « seulement » 1h30 de sms et autres coups de fil ! Essayez de deviner combien de temps vous passez sur votre téléphone chaque jour et vérifiez ensuite votre moyenne quotidienne. Vous risquez d'être surpris…

Avant de parler (un peu plus loin dans ce livre) de détox digitale, on peut commencer par choisir en conscience d'utiliser nos écrans.

Pour réussir à limiter leur utilisation voici dix astuces :

➧ Désactiver les notifications (pour ne plus prendre le téléphone à chaque fois qu'il sonne).

➧ Couper son téléphone la nuit (pour ne pas être réveillé par un son ou une vibration, pour ne pas dérégler son horloge interne à cause de la lumière qui en émane, pour ne pas passer les dernières 30 minutes de sa journée à scroller Twitter, puis Facebook et enfin Instagram, avant de vérifier une dernière fois ses e-mails, pour finir par s'endormir stressé, une heure après l'heure limite que l'on s'était fixée).

➧ Désynchroniser si possible ses écrans personnels de ses boîtes e-mails professionnelles (pour déconnecter à la fois du travail et de vos écrans en rentrant chez vous).

➧ Supprimer toutes les applications inutilisées pendant les six derniers mois (vous n'en aurez *a priori* plus besoin et, si vous changez d'avis, vous pourrez toujours les réinstaller).

➧ Supprimer Facebook et Twitter de son téléphone portable (vous pourrez tout de même y accéder depuis votre ordinateur, mais vous le ferez consciemment et, avec le temps, vous vous tournerez moins vers votre téléphone).

➧ Visualiser à nouveau sa meilleure vie (et noter toutes les activités que vous pourriez effectivement faire à la place du temps passé sur les réseaux sociaux, la télévision, YouTube ou Netflix).

➧ Passer en silencieux d'office à certaines périodes de la journée (pour limiter le stress des sollicitations lorsque vous devez accomplir une tâche urgente, ou simplement pour passer votre pause déjeuner sans « ding » intempestif).

➧ Laisser son téléphone au fond de son sac (pour se défaire du réflexe de le prendre dès que vous le voyez et éviter d'être catalogué « asocial accro à son téléphone » par les personnes qui partagent votre vie).

➧ Ou, pour commencer, le mettre au moins « face contre table » pour ne pas vous jeter dessus à chaque fois que votre écran s'allume (et donner l'impression à la personne avec laquelle vous parliez jusqu'à présent qu'elle est moins importante que votre téléphone).

➧ Relativiser. Ce n'est pas parce que vous ne voyez pas les 100 dernières notifications de votre *feed* Facebook que vous êtes passé à côté de l'information du siècle. Les messages importants finiront par vous trouver.

OPTIMISER

Si vous avez été honnête envers vous-même et que, malgré ce qui précède, vous ne voyez pas du tout où économiser du temps parce que vos journées sont réellement très chargées, alors il vous faut passer à l'étape suivante : optimiser la durée de vos tâches.

Nous avons tous des obligations incontournables dans nos journées, mais nous pouvons essayer de diminuer le temps passé à les traiter, ou même réduire leur fréquence.

LE MÉNAGE

Nous devons faire le ménage régulièrement chez nous, sous peine de vivre dans la crasse. En revanche, nous ne sommes peut-être pas obligés de le faire tous les jours (ou même un jour sur deux). Si espacer les sessions « nettoyage » nous permet de gagner trente précieuses minutes dans notre journée pour décompresser, être moins fatigué ou prendre le temps, c'est une idée à explorer... Si vous êtes horrifié à l'idée de nettoyer moins souvent votre nid douillet, dites-vous que **ce ne sont pas 30 minutes de ménage quotidien en moins qui vont noyer votre maison sous la poussière**.

LES TRANSPORTS EN COMMUN

Les allers et retours pour vous rendre sur votre lieu de travail (ou en cours) sont rarement des moments perçus comme agréables ou productifs. **Je vous propose de ne plus les subir** (en vous lamentant sur l'absence de places assises et les odeurs corporelles) et d'en faire enfin un temps appréciable. Si vous aimez lire,

ayez toujours sur vous un ouvrage (en format papier, ou numérique si vous êtes déjà très chargé) et plongez dans les folles aventures d'un intrépide pirate ! Si vous n'êtes pas un grand fan de lecture (en dehors de ce livre, évidemment), mais que vous êtes quelqu'un de curieux qui aime apprendre, téléchargez des podcasts (ce sont des émissions audio disponibles à l'écoute quand vous le souhaitez). Il existe une multitude de podcasts : sur l'histoire, la philosophie, la politique, l'actualité, mais également des récits à faire trembler de peur ou pleurer de rire ! Il vous suffit de trouver ce qui vous correspond.
Je vous l'ai déjà confié plus tôt, j'aime profiter des transports en commun pour supprimer de ma liste des tâches qui ne demandent que mon téléphone pour être réalisées : continuer mes travaux d'écriture ou répondre à mes e-mails par exemple (pour ces derniers, vérifiez qu'ils sont bien partis si vous étiez dans le métro, le réseau n'est pas optimal partout...).

LA CUISINE

Il existe une dernière activité qu'il est généralement possible d'optimiser chez ceux qui croulent à la fois sous le travail et les obligations personnelles : la préparation des repas. Celles et ceux qui cuisinent régulièrement de bons petits plats ont deux possibilités :

➧ soit vous considérez que c'est un moment de détente et de plaisir que vous ne retireriez pour rien au monde de votre routine ;
➧ soit vous ne seriez pas contre passer un peu moins de temps derrière les fourneaux et un peu plus devant un bon film.

Pour la première catégorie : félicitations, vous avez découvert une de vos passions ! Continuez donc à cuisiner et rognez sur d'autres occupations pour... pouvoir cuisiner encore plus !
Pour la seconde catégorie, pas de panique : **vous pouvez gagner du temps sur les repas du soir en vous organisant autrement.** Si vous choisissez de passer 2 heures tous les dimanches en cuisine à préparer deux ou trois plats différents en très grande quantité, vous

allez gagner chaque soir de la semaine environ 45 minutes (chiffre basé sur mon expérience personnelle, vous vous rendez compte : 45 minutes tous les soirs !). Ces 45 minutes du lundi soir au vendredi soir s'additionnent pour finalement libérer 3h45 de votre temps. Si l'on veut obtenir une évaluation plus honnête du temps gagné grâce à cette technique, on doit déduire les 2 heures du dimanche passées à préparer les repas : ça nous laisse tout de même 1h45 supplémentaire chaque semaine. Le plus beau, c'est que ce moment de préparation culinaire devenant plus rare, on l'appréciera plus et, qui sait, on le transformera peut-être même en un moment sympa : cuisiner en musique, en famille, entre amis, devant un film ou même avec les enfants ! Le reste de la semaine, vous n'aurez plus qu'à réchauffer le plat de votre choix et à vous mettre à table.

Mini-guide de survie à destination des maladroits de la spatule

- **Avoir les ingrédients exacts, tu devras.**
- **Les légumes en amont, tu couperas.**
- **La recette à la lettre, tu suivras.**
- **Les cuissons, tu surveilleras.**
- **Les accidents, tu éviteras (coupure : couteau ; brûlure : four, plaque, huile chaude, eau chaude).**

ACHETER DU TEMPS

Si malgré tous vos efforts et votre motivation, et après analyse de vos journées, vous commencez à paniquer parce que vous n'avez rien trouvé de superflu à supprimer et que vos tâches sont déjà optimisées, **il vous reste encore une solution : acheter du temps.** Vous avez bien lu « acheter du temps ». Il n'existe pas d'endroit spécifique où l'on en vend et vos journées ne vont pas miraculeusement s'allonger, mais ce sera tout comme.

Laissez-moi vous expliquer ce que je veux dire par là en reprenant l'exemple précédent du ménage, parce qu'il est très parlant. Si, après l'analyse de vos journées, vous vous êtes rendu compte que vous faites le ménage très (trop) souvent, et qu'en réalité vous pourriez diminuer le temps passer à ranger, trier, recycler, nettoyer, aspirer, laver, repasser, épousseter de 6 à 3 heures hebdomadaires sans que ce soit la fin du monde (c'est-à-dire la honte quand quelqu'un débarque chez vous à l'improviste : on l'a tous vécu une fois !), c'est une bonne première étape de franchie et vous avez gagné 3 heures dans votre semaine ! Mais si vous souhaitez aller plus loin et que vous pouvez vous le permettre, vous pourriez réduire ces 3 heures à néant en engageant quelqu'un qui s'occuperait de votre maison à votre place pendant cette durée. Voilà 3 autres heures de gagnées pour vous !

Si, sur le long terme, vous ne pensez pas que ce soit financièrement une sage décision, vous pourriez vous tourner vers un aspirateur autonome, qui ferait au moins une partie du travail à votre place. Et si, en lisant ces dernières lignes, vous vous demandez comment réussir à vous l'offrir sans taper dans votre Livret A, je vous propose de faire savoir haut et fort à votre famille, vos amis et vos collègues (pourquoi pas après tout, vous participez bien à leurs cagnottes) qu'une carte cadeau d'une grande enseigne d'électroménager serait très appréciée… Avec un peu de chance, vous réussirez à vous le faire offrir et, dans le pire des cas, ça réduira de toutes façons, votre facture.

Attention !

Avec cette technique, impossible de se plaindre si, à Noël, vous recevez un aspirateur autonome comme cadeau ! Cependant, si vous l'avez demandé, c'est que vous en avez vraiment besoin pour utiliser votre temps autrement. Vous pourriez donc voir les choses de cette façon : ce n'est pas un aspirateur autonome qu'on vous a déposé au pied du sapin, mais une heure de loisir supplémentaire chaque semaine (soit 52 heures par an, joli cadeau tout de même !).

Je ne vais pas vous donner d'autres exemples. Non pas qu'il n'en existe pas d'autres, mais il vous suffit de rentrer dans une agence de services à la personne pour trouver vos réponses : jardinage, ménage, courses, réparation ou encore babysitting, il ne s'agit pas simplement de rémunérer des compétences, mais aussi du temps consacré à votre place à différentes tâches. Dès lors que vous estimez que votre temps vaut autant ou plus que le prix demandé et si vos finances le permettent, considérez que les planètes s'alignent pour vous et qu'un peu d'aide serait la bienvenue.

Témoignage personnel

TROUVER L'ÉQUILIBRE

Parfois, il faut savoir trancher entre deux options qui semblent être chacune la meilleure et qui ne vont pourtant pas ensemble. Il y a quelques semaines, j'ai été confrontée à ce dilemme.

- *D'un côté, je voulais manger le plus sainement possible, frais, de saison, biologique et surtout fait maison.*

- *De l'autre, je croulais littéralement sous la charge de travail que je subissais : entre mes vidéos, ma boutique, les nouvelles créations à imaginer, les envois à préparer, les plannings multiples à gérer, l'écriture du livre et tous mes déplacements professionnels, je ne savais plus où donner de la tête pour trouver le temps de tout faire.*

➧ *Et puis un jour, on m'a demandé pourquoi, au lieu de cuisiner tous les midis et tous les soirs (je n'avais pas réalisé encore à l'époque que je pouvais gagner du temps en cuisinant le dimanche pour une bonne partie de la semaine), je ne commandais pas certains repas. J'y ai réfléchi et, finalement, la fatigue a fini par l'emporter sur ma volonté de cuisiner tout ce que je mangeais. Sur le moment, je n'en étais pas très fière, mais avec le recul, je me rends compte que c'est probablement grâce à ces précieuses minutes gagnées au gré des plats à emporter que j'ai réussi à tout conjuguer sans faire de burn-out. Aujourd'hui, j'ai trouvé un équilibre : je prépare en grande quantité le dimanche, mon conjoint prend le relai en semaine dès qu'il le peut et si, par malheur, cette semaine-là est particulièrement chargée (autant de son côté que du mien), on commande !*

Personne n'est parfait, l'important, c'est que vos choix vous amènent à vivre une meilleure vie. Faire un petit pas, c'est mieux que de ne pas avancer du tout.

Témoignage intergénérationnel

CARRIÈRE, ÉQUILIBRE ET INDÉPENDANCE

Paulette, 97 ans

Quel métier as-tu fait et pourquoi ?

J'ai fait des études de secrétariat puis, pendant la guerre, j'ai travaillé à la mairie de Surgères. Je me suis ensuite mariée et j'ai suivi mon époux comme c'était l'usage à l'époque. J'ai vite eu envie d'avoir une activité autre que celle que m'offrait mon foyer, j'ai ouvert un commerce en tant que gérante. Ça m'a permis de rompre le quotidien, de voir des gens, de communiquer avec des personnes autres que mes proches. Puis les emplois se sont succédé au cours des déménagements imposés par mon mari (j'étais alors « garde-barrière »). Avant l'automatisation des passages à niveau, il fallait descendre à la main la barrière aux heures de passage des trains, mais je restais toujours en recherche de rencontres qui compensaient une vie de couple peu satisfaisante.

Mon second mariage a été marqué par la société de consommation qui nous a entraînés... Je suis retournée dans la gérance de stations-services avec mon second mari : non seulement j'ai toujours gardé le contact avec la clientèle (j'adorais ça), mais en plus nous découvrions plein de coins de France, car nous étions itinérants.

Qu'est-ce qui a été difficile ?

L'époque ! J'ai vécu l'Occupation qui n'était pas facile. La place de la femme n'était pas reluisante non plus. J'ai malheureusement vécu peu de temps avec mon second mari, donc on peut dire que, de 46 à 90 ans, j'ai géré mon budget seule. Mais avant cela, lorsque j'étais en couple, c'était toujours mon mari qui tenait les comptes : à l'époque, la femme qui voulait travailler était considérée comme un apport supplémentaire au budget familial, pas comme un salaire à part entière...

As-tu un conseil à donner ?

Saisir les opportunités quand elles se présentent et garder l'œil ouvert !

Éliane, 74 ans

Quel métier as-tu fait et pourquoi ?

Mon choix professionnel, je l'ai fait très jeune : je jouais déjà « à faire l'école » à 4 ans. Mon parcours était tout tracé ! Je ne voulais surtout pas être comme ma maman : je serais une maîtresse d'école exemplaire.

Qu'est-ce qui a été difficile ?

Mes ennuis de santé qui, selon mon pédiatre, ne m'autoriseraient pas à exercer un métier où la station debout était obligatoire, sont venus se dresser entre mon rêve et moi... Mais j'avais décidé d'être « maîtresse d'école » ou rien du tout ! Grâce à la Coopération culturelle, j'ai pu réaliser mon rêve : mes parents ont accepté de m'émanciper à 18 ans, au lieu des 21 ans de l'époque, pour que je puisse partir me former « sur le tas » en Algérie. J'ai appris mon métier et enseigné là-bas pendant sept années en école primaire. Afin de recevoir mon salaire, il a fallu m'ouvrir un compte bancaire. À l'époque, les femmes avaient rarement le leur (il fallait l'autorisation de son mari pour en ouvrir un). J'ai donc géré très jeune et seule mon propre budget : j'étais indépendante ! J'ai la chance d'avoir exercé un métier merveilleux de 1962 à 1999 (une jolie carrière). C'était un quotidien de partage, avec le bonheur de côtoyer des générations d'enfants et de parents. Un monde de travail où tu es connecté à l'humain, tu échanges avec des enfants.

C'est du vivant. J'ai été directrice d'école pendant 27 ans et il a fallu que j'assume des responsabilités. Mais quand on réalise un rêve, on a envie d'aller plus loin ! Je devais même ramener plus souvent l'école à la maison que le contraire. Si je devais donner un conseil pour le choix de son métier, c'est de faire ce que l'on aime. De cette façon, on a toujours le plaisir de travailler (et pas la contrainte !).

Comment as-tu géré l'équilibre entre vie professionnelle et vie personnelle ?

Il s'est imposé de lui-même : j'avais à gérer une école, je poursuivais en gérant les affaires familiales. Le métier de mon conjoint nécessitant des déplacements, et donc des absences, je faisais des propositions en amont et nous en discutions toujours en couple. Il fallait palier les contraintes de son travail et prendre en main la direction de la maison. On n'a pas eu le choix ! Concernant le budget de la famille, nous l'avons toujours mis en commun. J'avais l'habitude de le gérer et nous avons toujours eu confiance l'un en l'autre sur tous les plans.

As-tu un conseil à donner ?

Ne pas avoir peur des obstacles : c'est la vie, et ils sont faits pour être surmontés ! Quand on a commencé à me dire que je ne pourrai pas enseigner, ça ne m'a pas arrêtée. Quelques années plus tard, quand l'opportunité de partir pour devenir enseignante s'est présentée, je l'ai saisie.

Sylvie, 54 ans

Quel métier as-tu fait et pourquoi ?

Ayant vu combien ma mère était heureuse d'enseigner, je me suis tout naturellement tournée vers cette profession. Alors que je n'avais pas un bon vécu en tant qu'élève, j'ai voulu passer de l'autre côté afin de faire différemment des maîtres de mon primaire. J'ai choisi, dans un premier temps, d'enseigner tous les niveaux de classe afin d'enrichir ma pratique. Puis j'ai eu envie de partager mon expérience et mes connaissances en devenant maître-formateur. Et enfin, j'ai saisi l'opportunité d'enseigner dans une classe spécialisée « troubles cognitifs » et de me former afin de devenir titulaire du poste. Mes élèves m'ont tant appris !

Qu'est-ce qui a été compliqué à gérer ?

À plus de 40 ans, je continuais à écrire des mémoires et à passer des examens tout en m'occupant de ma famille. C'était d'autant plus sportif que mon mari était souvent à l'étranger pour son travail. J'ai donc géré mon travail, diverses formations et examens, l'éducation de mes enfants, leurs activités et le quotidien.

Comment as-tu fait pour ne pas t'oublier entre tes études, ton travail et ta famille ?

Pour ne pas m'oublier, j'ai essayé de prendre le temps de voir des amies pour faire du sport ou simplement pour un déjeuner. Ce sont des moments précieux où l'on met des mots sur des maux. Le fait d'avoir mes parents dans le même quartier que nous a été un élément important pour la garantie de cet équilibre professionnel/personnel. En effet, il était entendu que nos enfants passaient le mardi soir avec leurs grands-parents jusqu'au mercredi midi. Cette soirée, quand mon mari était là, nous permettait de sortir et de nous retrouver ; les autres fois, ce temps libre me permettait de souffler et de me concentrer sur moi-même.

As-tu un conseil à donner ?

Ne jamais arrêter d'apprendre... et ne pas se laisser enfermer dans des cases : la petite fille que j'étais et qui pensait ne pas aimer l'école a bien pris sa revanche !

Margaux, 28 ans

Quel métier as-tu fait et pourquoi ?

J'ai cumulé aussi longtemps que possible mon CDI bien rémunéré en finance (auquel ma formation me destinait sans ambiguïté) avec la création de contenus à destination d'Internet (activité que je n'aurais jamais imaginé faire au début de ma formation). Je crois que le premier m'a beaucoup appris, m'a donné confiance en moi et m'a permis d'acquérir une certaine stabilité financière, sans laquelle je n'aurais probablement jamais envisagé de tout quitter pour faire de ma passion mon métier.

Qu'est-ce qui a été compliqué à gérer ?

Décider de partir ! Autant je n'avais plus de vie en cumulant mes deux activités, autant j'ai mis longtemps à me décider à changer. Il m'a fallu presque six mois à peser le pour et le contre, puis à me préparer au changement (en me serrant la ceinture pour pouvoir relancer mon activité sur un rythme adapté à la réalité des réseaux sociaux). Et encore, j'ai eu la chance d'être dans un environnement familial et amoureux propice à ce grand chamboulement : je n'ai reçu que du soutien et une réponse unanime : « Si tu ne te donnes pas ta chance maintenant, tu n'essaieras jamais. » Ça a été décisif.

Comment fais-tu pour travailler avec ton conjoint au quotidien ?

C'est une question qui revient très souvent : comment fait-on pour être à la fois efficaces dans notre travail et ne pas entacher notre relation quand on travaille en couple ? On a conscience l'un comme l'autre de la chance que l'on a : avoir un partenaire qui comprend ce métier si atypique que l'on fait, pouvoir compter l'un sur l'autre, avoir des qualités complémentaires et, surtout, on ne prend pas personnellement ce qui se passe au travail. Si quelque chose doit être dit, on le dit (sans être méchants non plus !) et on sait qu'on avancera mieux et plus loin ainsi. On a également décidés d'avoir chacun notre entreprise. De cette façon, on reste indépendants financièrement l'un de l'autre, ce qui ne nous empêche pas d'avoir un compte commun pour gérer nos dépenses de couple au quotidien.

As-tu un conseil à donner ?

Pour conserver un équilibre entre vie professionnelle et vie personnelle (ce qui est difficile, notamment quand on travaille en couple ou en famille, et a fortiori *depuis chez soi, car les frontières sont inexistantes), il faut savoir s'arrêter. Avec mon conjoint, on était dernièrement sur le point de craquer. Pour ne plus se retrouver au bout du rouleau, on a décidé de se bloquer des vacances à l'avance (afin de ne pas être tentés d'accepter une proposition de travail et de repousser éternellement nos congés) et de s'imposer* a minima *une vraie demi-journée de repos hebdomadaire (sortie au restaurant, au cinéma et petite promenade...). C'est déjà un grand changement dans nos vies et une vraie bouffée d'oxygène. Prochain objectif : s'organiser de temps en temps un week-end pour déconnecter de notre quotidien deux jours d'affilée.*

SE LEVER PLUS TÔT

Je ne suis pas particulièrement une « lève-tôt » à l'origine. Adolescente, réussir à m'extirper du lit relevait de l'exploit. Comme beaucoup d'autres (et peut-être comme vous ?), j'ai longtemps appuyé à plusieurs reprises sur mon réveil pour grappiller quelques précieuses minutes de somnolence, et je me levais en catastrophe. J'ai eu souvent l'impression d'oublier toutes mes affaires, je suis partie plus d'une fois avec le cœur qui battait à mille à l'heure de m'être réveillée trop tard et, plus d'un matin, je me suis sentie épuisée rien que de m'être levée et préparée dans le stress.

Si je vous dis que je fais désormais partie de ceux qui se lèvent tôt sans difficulté, vous ne serez pas nécessairement très surpris : les gens changent, n'est-ce pas ? Peut-être que, pour vous aussi, le réveil est moins dur qu'avant avec les années. Mais si je rajoute que, désormais, j'aime me lever tôt, que j'y trouve du plaisir et que je le fais y compris quand je n'en ai pas besoin, vous serez peut-être plus curieux.

Témoignage personnel

CE JOUR OÙ TOUT A CHANGÉ

Vous savez que j'ai travaillé dans la finance d'entreprise, avant de soudainement me consacrer totalement à ma communauté. C'est à cette période que je me suis mise à apprécier de me lever tôt. Avant de travailler, je n'en avais pas besoin et, comme je n'y étais pas habituée, je ne le faisais pas. J'arrivais à peu près à conjuguer mes cours, les travaux de groupe, mes vidéos et autres articles de blog avec le temps dont je disposais.

Puis je suis rentrée dans le monde du travail et tout a changé. Du jour au lendemain, je me suis retrouvée avec des journées très chargées, beaucoup de transports en commun et une grande lassitude quand je finissais enfin par rentrer chez moi. Je n'avais alors envie de rien d'autre que de me reposer en regardant une série avant d'aller me coucher. Moi qui souhaitais continuer à créer à côté, je me suis rendu compte que conjuguer mes deux activités serait impossible dans ces conditions : je n'avais plus que le week-end pour avancer sur mes projets, mais j'étais tellement fatiguée de ma semaine que je n'en avais plus envie !

Jusqu'au jour où je me suis réveillée par hasard 40 minutes avant que mon réveil ne sonne et où j'ai décidé de me lever plutôt que de me recoucher. Ce jour-là, ***j'ai découvert qu'avec ces 40 minutes de plus, ma matinée n'avait plus la même saveur :*** *j'avais désormais du temps pour moi ! Et, cerise sur le gâteau, comme ma journée venait tout juste de commencer, j'étais encore suffisamment motivée et en forme pour travailler sur mes projets personnels, contrairement au soir où je n'avais qu'une envie : dormir. Un jour après l'autre, à coup de 1 heure chaque matin, j'ai repris mes travaux et un rythme suffisamment correct pour ne pas abandonner ce que j'avais mis si longtemps à construire.*

Je crois que j'ai développé une telle gratitude envers ces quelques minutes de calme avant la tempête qu'était ma journée de travail que j'en suis venue à réellement apprécier de me lever plus tôt que je ne le devais. Résultat, j'ai gardé cette habitude et je me demande désormais pourquoi tout le monde ne se lève pas plus tôt que nécessaire afin de s'octroyer les premières minutes de sa journée : être zen de bon matin, ne plus partir en catastrophe, profiter de quelques minutes rien qu'à soi avant de se lancer dans sa journée, ou même exploiter ce temps-là pour effectuer des tâches personnelles avant de vivre sa vie professionnelle...

Si vous n'êtes pas du matin, vous vous demandez peut-être quelle mouche m'a piquée de vous pousser à programmer votre réveil 30 minutes (ou même 1 heure !) avant votre heure de lever habituelle... Vous estimez être un couche-tard et vous préférez donc travailler tard le soir sur vos projets personnels ?

Voici quatre bonnes raisons de se lever tôt :

- **Moins stresser.** C'est évident : se lever 1 heure plus tôt que d'habitude permet de reprendre le contrôle sur sa vie, de ne pas être esclave d'un rythme imposé par votre travail, vos études, votre vie de famille.
- **Avoir plus de temps pour soi.** En dehors de cette heure matinale que vous mettez en place, votre journée est faite d'obligations, de deadlines, de contrôles, de devoirs, d'objectifs à atteindre... Votre temps se retrouve partagé entre études (ou travail) et famille. Alors se lever plus tôt, c'est ce qu'il vous faut : prenez le temps d'un vrai petit-déjeuner dégusté à votre rythme, faites une séance de sport, de yoga ou de méditation, lisez, écrivez, tenez votre Bullet Journal, revoyez votre to-do list... Ce temps vous est dédié, c'est vous qui choisissez !
- **Travailler sur un projet personnel.** Si vous avez un objectif de vie (apprendre une nouvelle langue, lancer un blog, écrire un livre...) qui vous tient à cœur, mais sur lequel vous n'arrivez pour l'instant pas à avancer autant que vous le souhaitez (vous n'avez pas le temps en journée, et le soir, vous êtes trop fatigué), cette solution est faite pour vous ! Au lieu de vous octroyer une heure de petit-déjeuner et de remise en forme tous les matins, consacrez un matin de temps en temps à vous rapprocher de votre objectif de vie.
- **Goûter à une tranquillité insoupçonnée.** Au petit matin, tout est calme, tout est silencieux, les enfants dorment encore, vous êtes tranquille. Et soudain, les oiseaux commencent à chanter, les premières lumières s'allument, la ville se réveille doucement et vous avez la satisfaction d'avoir déjà bien commencé votre journée dans le calme et la douceur.

➜ **Ces nouvelles minutes s'adapteront totalement à ce dont vous avez besoin : un temps pour vous réveiller, un temps pour respirer, un temps pour bouger, un temps pour travailler, un temps pour réfléchir, un temps pour lire…** Vous choisirez, mais quoi qu'il arrive, ce sera un temps pour vous. Un temps qui vous rapprochera de votre meilleure vie. Si vous souhaitez vous lever plus tôt que d'habitude mais que vous avez des horaires décalés, un réveil à 10 h plutôt que midi vous permettra peut-être de bénéficier d'un nouveau rythme de vie qui commence de la même façon : du temps rien que pour vous.

ASTUCE N°14

RÉUSSIR À SE LEVER TÔT

➜ **Dormez suffisamment.** Impossible de se lever tôt sans être d'humeur fracassante si vous manquez de sommeil. Vous remarquerez qu'à aucun moment je vous ai dit de moins dormir, mais seulement de vous lever plus tôt. Ainsi, si vous avancez votre réveil de 2 heures, avancez également votre coucher de 2 heures ! Un indicateur d'un sommeil suffisant, c'est de se réveiller de soi-même, en forme et sans coup de fatigue au cours de la journée. Si vous estimez dormir assez longtemps, mais que vous êtes fatigué au réveil parce que vous dormez mal, reportez-vous à « Pour mieux dormir », page 135.

➜ **Préparez-vous la veille.** De cette façon, non seulement vous êtes moins stressé vis-à-vis du lendemain parce que vous savez que vous n'oubliez rien, mais en plus, vous visualisez mieux votre future journée. Résultat : lorsque votre réveil sonne, vous n'avez plus la tentation de repousser le moment de vous lever puisque vous savez exactement pourquoi vous avez programmé cette alarme. Motivation garantie. Vous pouvez préparer votre to-do list, ainsi que votre tenue ou votre sac pour éviter les prises de tête au réveil.

➜ **Buvez un verre d'eau juste avant de vous coucher.** Vous sortirez plus facilement de votre lit le lendemain matin si vous avez une envie pressante. Attention cependant à n'en boire qu'un seul pour éviter de passer votre nuit à vous relever...

➜ **Mettez votre réveil loin de vous.** Si ce qui vous sert de réveil n'est pas directement à portée de main, vous serez obligé de vous lever pour mettre fin à ce bruit plus ou moins agréable (je suis personnellement abonnée aux chants d'oiseaux, tout le reste me fait sursauter. J'ai le sommeil léger, et vous ?). Autre avantage de cette technique, pour ceux qui ont cette fois le sommeil lourd, vous ne risquez pas d'éteindre votre réveil dans un demi-sommeil... sans vous réveiller ni vous en souvenir ! Comme vous serez obligé de vous lever pour couper l'alarme, la panne de réveil (en dehors d'un souci technique) ne sera plus possible. Une fois debout, votre seul objectif sera de ne pas vous recoucher...

➧ **Mettez en place des automatismes.** Plus vous aurez d'actions à enchaîner en « pilotage automatique » le matin, moins vous aurez de risque de retourner vous coucher après avoir coupé votre réveil. Je vous recommande de tester la technique de la bouteille d'eau : laissez une bouteille d'eau à côté de votre réveil, une fois la sonnerie coupée, vous n'aurez plus qu'à boire quelques gorgées. Si je vous propose de laisser une bouteille d'eau et pas un verre, ce n'est pas pour rien : quand on n'est pas tout à fait réveillé, le risque de renverser son verre par inadvertance est accru... Avec un peu de chance, après avoir bu, vous vous rendrez compte que vous devez passer au petit coin (merci le verre d'eau de la veille au soir), et vous aurez déjà enchaîné deux actions. L'autre avantage, c'est qu'après huit heures de sommeil, vous êtes déshydraté, et un des symptômes les plus courants, c'est la fatigue ! En buvant de l'eau, vous faites coup double : vous contribuez à un réveil effectif et en douceur. Vous pouvez ajouter une étape supplémentaire avec une douche (ou si vous vous douchez le soir, passez directement à l'étape habillage), et votre cerveau est déjà moins embrumé !

➧ **Choisissez un réveil spécial.** Si vous n'êtes pas convaincu par ma précédente proposition, mais que vous avez du mal à vous lever le matin parce qu'une fois l'alarme éteinte, vous avez tendance à vous rendormir illico, choisissez un réveil qui vous complique la tâche. Certaines applications de réveil vous demandent, par exemple, de résoudre des calculs mentaux pour désactiver la sonnerie. Comme je vous l'ai dit précédemment, j'ai le sommeil très léger et ce genre de réveil me ferait commencer la journée du mauvais pied (entre un réveil qui sonne non-stop et des calculs à résoudre encore endormi, on obtient un combo cauchemardesque à mon goût). Il existe heureusement d'autres réveils spéciaux qui plairont à ceux qui recherchent comme moi l'efficacité en douceur : je pense notamment aux réveils à simulation d'aube (une lumière s'intensifie progressivement pendant les 30 minutes qui précèdent l'heure à laquelle vous souhaitez que l'alarme s'enclenche, ce qui permet de réveiller progressivement ceux qui sont sensibles à la lumière) ou aux réveils olfactifs qui dégagent une odeur spécifique qui vous motive à sortir du lit (je suis attirée par « café frais », « croissant chaud » ou « herbe fraîchement coupée »).

➧ **N'appuyez pas sur le bouton *snooze* (« répéter l'alarme »).** Pour plusieurs raisons :

- Le cerveau associe le bruit du réveil à une fausse alerte (comme on peut dormir encore un peu, c'est que ce n'était pas encore l'heure de se réveiller, par conséquent, ce bruit spécifique n'est pas un son à « prendre en compte »). C'est une mauvaise habitude qui envoie un message confus et rend notre réveil de plus en plus difficile avec le temps.
- On a à peine le temps de se rendormir que la sonnerie retentit à nouveau. Or, le corps est bien fait… Tout comme il produit des hormones qui nous aident à nous endormir pendant que notre température corporelle baisse, il produit d'autres hormones qui nous aident à nous réveiller pendant que notre température corporelle ré-augmente. Bref, le corps nous prépare à nous endormir et à nous réveiller. Si on appuie sur ce bouton *snooze*, on risque de se re-réveiller dans un début de cycle d'endormissement. Conséquence ? On se sent encore plus fatigué qu'avant !

➜ **Levez-vous à la même heure tous les jours.** Pour que le corps s'habitue à une heure de réveil, mieux vaut garder un rythme régulier. Ainsi, si vous le pouvez, continuez le week-end à vous lever à la même heure qu'en semaine. Vous êtes peut-être en train de vous étouffer en lisant ces lignes parce que vous vous levez vraiment très tôt toute la semaine et que le week-end est pour vous LE moment où vous pouvez enfin faire la grasse matinée. Je vous propose de voir les choses différemment : par exemple, en vous couchant tôt, vous pourrez vous lever tôt le samedi matin et bien profiter de votre journée, plutôt que d'émerger vers midi et d'éprouver le sentiment d'avoir gâché votre week-end. Votre point de vue, c'est que le week-end est fait pour se reposer ? Je suis d'accord avec vous, vous pouvez dormir aussi longtemps que vous le souhaitez en vous couchant tôt, faire une sieste ou une exception de temps en temps ! Si vous avez des enfants, cela peut également vous permettre de profiter d'une partie de votre journée dans le silence et sans avoir besoin de vous occuper d'eux... puisqu'ils seront toujours en train de dormir.

➜ **Faites du réveil un moment agréable.** La meilleure façon de se lever tôt le matin, c'est d'avoir envie de sortir de son lit. Vous vous souvenez comme on était excité et enthousiaste les matins de fêtes ou d'anniversaires ? Impossible de dormir bien longtemps ! Je ne pense pas être la seule à avoir attendu enfant à 7 h du matin près du sapin qu'un adulte se réveille pour pouvoir enfin ouvrir mes cadeaux. Aucun problème pour me réveiller tôt ce jour-là ! Alors, si vos matinées ressemblent plus à un combo de stress, d'urgence et de cerveau embrumé, ce n'est pas étonnant que vous ne souhaitiez pas quitter la chaleur rassurante de votre couette. L'avantage, c'est que le principe inverse fonctionne : si vous arrivez à faire de ce moment quelque chose d'agréable et même d'enthousiasmant, vous sortirez de votre lit sans difficulté. Vous pouvez, par exemple, vous offrir une séance de yoga pour réveiller votre corps en douceur, prendre un bon petit-déjeuner gourmand. (Sucré et salé ? Salé et sucré ? Pourquoi pas !) Avoir une routine agréable le matin est le meilleur moyen pour réussir à se motiver et pour sortir du lit avec le sourire.

➔ **Trouvez quelque chose que vous avez hâte de vivre dans votre journée.** On reste dans la même veine que précédemment, mais cette fois, au lieu de faire de votre lever un moment excitant, c'est votre journée que vous allez mettre sous le feu des projecteurs de votre esprit. Essayer de trouver au moins une chose que vous avez hâte de vivre dans votre journée : discuter avec un ami, présenter votre super idée en réunion, porter votre tout nouveau jean, aller au cinéma ou manger une glace en terrasse au déjeuner !

Vous vous interrogez peut-être sur la nécessité de caler cette heure rien qu'à nous de bon matin. Après tout, si on est capable de trouver 30 minutes le matin, c'est qu'on peut aussi les trouver le soir : comme ça, plus besoin de se lever tôt (bande de petits malins !). J'ai presque envie de vous dire que vous avez raison.

Sauf que le matin (même si vous en doutez encore, c'est le moment de prendre le pli), on a plus d'énergie et notre réserve de motivation journalière est encore intacte. Vous tiendrez probablement quelques jours votre bonne résolution de travailler une demi-heure tous les soirs en rentrant du travail, mais vous vous essoufflerez rapidement. Et c'est tout à fait compréhensible : le soir, après les transports en commun, la voiture ou le retour à pied, il faut encore préparer à manger, voire s'occuper des enfants... Comme tout le monde, vous êtes fatigué et vous avez envie de vous vider la tête devant la télévision plutôt que de réfléchir au business plan de l'entreprise que vous aimeriez créer. Si au fond, vous savez que ce sera votre cas, n'ayez pas honte, car vous connaissez désormais une solution (vous en avez aussi d'autres à disposition : le planning inversé page 141, acheter du temps page 153...).

LA « MIRACLE MORNING ROUTINE »

Avez-vous entendu parler du livre *Miracle Morning Routine* de Hal Elrod ? À 20 ans, il a été percuté par une voiture, son cœur s'est arrêté six minutes avant que les urgentistes ne le réaniment. On a annoncé à sa famille que, s'il sortait un jour du coma, il souffrirait probablement de dommages cérébraux permanents et ne pourrait plus marcher. La « Miracle Morning Routine », c'est la méthode qu'il a mise au point et suivie assidûment pour remonter la pente. Quelques années plus tard, Elrod est devenu ultra-marathonien, conférencier reconnu et auteur de deux best-sellers.
Sa « Miracle Morning Routine » vise à dégager du temps au tout début de la journée pour prendre soin de soi : on se réveille plus tôt, en forme, sans repousser son réveil, on adopte un rituel matinal

qui nous rapproche de notre meilleure vie et on prend de bonnes habitudes pour soi. Chacun est libre d'adapter la durée des exercices recommandés et leur ordre, mais voici ce qu'il propose pour commencer : se lever une heure plus tôt que d'habitude et suivre ce qu'il appelle les *life savers* :

• **Silence** (un moment de méditation pour améliorer sa concentration est une hygiène mentale qui nettoie notre cerveau comme on se brosserait les dents).

• **Affirmation** (répéter une phrase motivante à voix haute, en faire le guide de votre journée pour la transformer en vérité et l'ancrer dans votre quotidien).

• **Visualisation** (créer une image mentale de ce que l'on aimerait accomplir pendant sa journée, ou plus généralement de ce que l'on aimerait améliorer dans sa vie).

• **Exercice physique** (pour faire le plein d'énergie, oxygéner ses tissus, faire du bien à son corps comme à son esprit).

• **Reading** (un moment de lecture, Hal Elrod préconise de se tourner vers des livres qui vont vous aider à vous améliorer dans le domaine du développement personnel ou professionnel, mais je suis d'avis que toute lecture est bonne à prendre).

• **Scribing** (écrire dans un journal pour vider ce que vous avez en tête, vous organiser pour votre journée, vous confier sur des sujets qui vous pèsent ou que vous ne voyez pas comment gérer).

➧ À raison de dix minutes par activité, votre heure supplémentaire est déjà remplie. Pour les plus pressés, on peut diminuer la durée de chaque étape ou même en retirer certaines après les avoir testées. Pour les plus enthousiastes, on peut décider de se lever encore plus tôt et d'allonger la durée de méditation, de sport ou encore d'écriture, selon les besoins qu'on éprouve.

À la clef, de nombreux bénéfices : plus d'énergie, moins de stress, une vision claire de sa journée, un regain de motivation, du temps pour soi, un meilleur sommeil...

Personnellement, j'ai testé sa proposition de « Miracle Morning Routine », que j'ai par la suite adaptée à mes besoins.

Je préfère, par exemple, écrire le soir afin de me coucher l'esprit plus léger en sachant ce que j'ai à faire le lendemain et en posant sur le papier ce qui peut m'angoisser ou me motiver.

J'arrive à combiner les étapes de visualisation et d'affirmation : j'ai remarqué que les deux vont de pair. Ainsi, si mon affirmation du jour est « je ne fais qu'un avec les autres et les autres ne font qu'un avec moi », je visualise ce que cela m'évoque à chaque fois que je prononce l'affirmation. Je me vois, puis j'élargis ma vision à ma famille, mes amis, tous les visages familiers et même les animaux (domestiques ou non), les plantes. Je reviens ensuite progressivement vers mon propre corps en ramenant tous ces visages, toutes ces vies vers moi, et je les accueille. Je me reconnais en eux et je les reconnais en moi.

« La première cause de potentiel gâché est de ne jamais décider que le moment présent a plus d'importance que n'importe quel autre moment dans votre vie. »

HAL ELROD

Étant adepte du yoga, l'étape de la méditation et celle de l'exercice physique font l'une et l'autre partie de ma pratique. Comme j'ai libéré du temps en écrivant la veille au soir et en combinant visualisation et affirmation, je peux prolonger ma séance de yoga et de méditation d'une vingtaine de minute. Je profite également de la méditation pour caser quelques minutes de Pranayama (exercice de respiration yogique).

La seule chose que j'ai purement et simplement retirée de ma « Miracle Morning Routine », c'est la lecture du matin : il n'y a rien à faire, une fois sur deux, ça me donne envie de retourner me coucher (même si je le fais en dernier !). Je préfère lire le soir et lire plus longtemps. Ça me détend tellement que c'est parfait avant de dormir.

Je vous recommande de découvrir vous-même les conseils dédiés à la « Miracle Morning Routine » dans le livre du même nom, de la tester et de l'adapter à vos besoins : dans le pire des cas, vous aurez pris l'habitude de vous lever un peu plus tôt et vous pourrez faire ce que bon vous semble de ces moments gagnés, dans le meilleur des cas, vous serez plus déterminé que jamais, plus efficace, plus énergique et plus concentré sur vos objectifs. Dans les deux cas, vous vivrez une meilleure vie.

BULLET JOURNAL, AGENDA ET AUTRES TO-DO LISTS

Si, comme moi, vous aimez l'univers de l'organisation et que vous l'avez érigé au rang d'art à part entière, vous allez adorer cette section. Après l'analyse, l'optimisation, la recherche d'équilibre, place au concret : on va parler de Bullet Journal, d'agenda et autres to-do lists !

Pour vous organiser au quotidien, rien de mieux que de planifier par écrit. Que vous soyez du genre post-it égarés, planner parfaitement géré ou sur un entre-deux, mettre par écrit vos objectifs, vos obligations et vos tâches à ne pas oublier vous aidera toujours. Soit vous aurez tendance à égarer vos notes, et cela aura au moins eu le mérite de vous libérer un temps l'esprit, soit vous serez mieux organisé au quotidien. Non seulement on **s'affranchit ainsi d'une charge mentale importante** mais, en fonction de notre outil d'organisation, on peut également prendre le temps nécessaire pour observer nos objectifs (professionnels comme personnels), les décomposer en sous-tâches plus abordables, mesurer approximativement les durées nécessaires à leur bonne réalisation, planifier les mois, les semaines et le quotidien, ne pas passer à côté de dates importantes (entre anniversaires et déclarations administratives), ne pas oublier de se rendre à ses rendez-vous, être obligé d'avancer tous les jours sur ses objectifs grâce à des points quotidiens et évidemment éprouver une satisfaction toute personnelle lorsqu'on a accompli sa to-do list du jour.

La charge mentale

Qu'est-ce que la « charge mentale » (ou « charge mentale ménagère ») ? C'est un terme qui désigne le fait de penser à tout, tout le temps, pour que tout le monde soit satisfait et que le foyer fonctionne bien.

Cette charge mentale touche particulièrement les femmes, qui se positionnent souvent, comme leur mère, en gestionnaire de la maison : il faut penser à faire les courses, à lancer les machines, à signer le carnet de correspondance des enfants, à remplir les documents administratifs, à prendre les rendez-vous médicaux ou encore à dire à son conjoint ce qui a besoin d'être fait. Tout cela relève de la charge mentale.

Vous vous doutez bien que cela engendre du stress et de la fatigue, d'autant plus quand on le conjugue avec un emploi... Pour y remédier, vous pouvez essayer :

➔ D'en parler avec votre conjoint(e) pour ne plus vous sentir seul(e).

➔ De ne pas le laisser dire « qu'il suffisait de demander de l'aide »... Pas besoin d'être un génie pour savoir que, quand le panier de linge sale déborde, une machine doit être lancée, que, quand des amis débarquent, l'aspirateur doit être passé, le salon rangé et un repas préparé, ou que le petit dernier doit aller chez le pédiatre pour renouveler ses vaccins.

➧ D'inverser les rôles : poussez votre conjoint(e) à se sentir responsable du foyer en ne lui laissant pas une liste détaillée digne d'un plan de bataille (attention à l'infantilisation) et en vous absentant sans culpabiliser pour qu'il/elle avance en autonomie. En lui laissant le contrôle, il y a des chances pour que la charge mentale (qui existera toujours) soit mieux répartie au sein de votre famille.

Lister ses objectifs

Lorsqu'on s'installe et qu'on prend le temps de planifier calmement les semaines à venir, la première étape, quel que soit votre outil d'organisation (agenda, semainier, Bullet Journal ou encore une option 100 % numérique), c'est de lister tous ses objectifs. Du plus ambitieux au plus banal, sans ordre spécifique, tous les objectifs ont le droit d'être cités.

Prioriser

Attribuez ensuite à chaque objectif un numéro qui correspondra à l'ordre de priorité. Exemple : 1 pour le plus important et le plus urgent, 10 si vous savez que, de tous vos objectifs, c'est le moins important et le moins urgent. Il peut y avoir plusieurs « 1 » si ces objectifs évoluent en parallèle. S'ils dépendent les uns des autres, regardez quel objectif correspond au premier domino (« 1 »), puis celui-ci une fois atteint, quel objectif est entraîné à sa suite (« 2 ») et lequel sera le dernier à tomber (« 10 »).

Si le principe de numéroter vos objectifs vous rappelle trop l'école et d'une façon qui ne vous plaît pas, vous pouvez choisir un autre système : un nombre d'étoiles (plus il y a d'étoiles et plus l'objectif est urgent ou important), ou même un smiley (plus le smiley est triste et plus il est urgent de s'en occuper).

Une fois que vous aurez mis par écrit votre volonté de créer un livre (« 1 »), d'apprendre la photographie (« 2 ») ou de mieux accompagner votre enfant dans ses études (« 1 »), ainsi que leur ordre d'importance à vos yeux (ici « 1 », « 2 » et « 1 » à nouveau), vous pourrez passer à la mise en place de votre plan de bataille. C'est ce qui va à la fois vous permettre de prendre du recul, de scinder en plusieurs sous-tâches plus abordables votre objectif global et d'évaluer combien de temps est *a priori* nécessaire pour achever la tâche.

Sans cette réflexion, vous risquez de contempler longtemps votre objectif sans jamais réussir à l'atteindre.

ASTUCE N°15

DÉCOMPOSER SES OBJECTIFS

D'expérience, plus vous aurez conscience de ce qui se cache derrière un objectif important et plus vous aurez de chance de l'atteindre… En décryptant ce qui doit être fait pour atteindre votre objectif, vous ne vous contenterez plus d'un joli rêve ou de bonnes intentions, vous établirez un plan. Vous connaîtrez les étapes à franchir, leur ordre et le temps que chacune devrait vous prendre. De cette façon, vous aurez une idée plus réaliste de ce qui vous attend et vous ne vous découragerez pas face à l'ampleur de la tâche, puisque vous avancerez petit à petit. Chaque sous-tâche barrée, cochée ou « surlignée » vous rapprochera de votre objectif global et renforcera votre motivation.

EXEMPLE DE DÉCOMPOSITION

OBJECTIF : Avoir le BAC avec mention

➧ faire des fiches de révision au fur et à mesure de l'année ;

➧ écouter attentivement en cours ;

➧ poser des questions quand on ne comprend pas (ou demander à ses amis s'ils ont compris pour qu'ils nous expliquent) ;

➧ suivre l'évolution de ses notes ;

➧ s'entraîner sur des annales pour avoir une idée du format des examens et voir quels types de questions peuvent être posées ;

➧ regarder les coefficients et prioriser les matières les plus lourdes, dans lesquelles on a des difficultés, pour limiter la casse et même faire une belle progression ;

- organiser des sessions de révisions entre amis (partager les fiches, séance de questions/réponses) ;
- demander à ses parents d'aider à réviser en interrogeant ;
- demander à couper le wifi deux heures tous les dimanches pour ne pas être tenté de traîner sur les réseaux au lieu de réviser ;
- vérifier qu'on a tout le matériel nécessaire deux semaines avant le début des épreuves ;
- mettre en place un rétroplanning de révision dans son agenda ;
- inscrire dans son agenda « J-60 », « J-30 », « J-20 » et « J-7 », soixante, trente, vingt et sept jours avant le début des épreuves ;
- reprendre ses copies de l'année : voir si on a bien compris et appris de nos erreurs ;
- travailler tous les midis sur ses fiches de révisions ;
- bloquer tous ses samedis de 13 h à 16 h pour des révisions à la bibliothèque avec son ou sa meilleur(e) ami(e).

Une fois que vous aurez listé tout ce que vous pouvez/devez faire pour atteindre votre objectif, pensez à évaluer à nouveau leur priorité, leur importance en fonction de ce qui semble vous donner le plus grand élan dans votre avancée. Par exemple, « faire des fiches de révision au fur et à mesure de l'année » est important à la fois pour comprendre, apprendre sur le court terme, retenir sur le long terme et se remémorer rapidement les différents chapitres lorsque les examens de fin d'année approchent. De même, « organiser des sessions de révisions entre amis » semble important, à la fois pour s'assurer que l'on a bien compris et retenu les cours, mais aussi pour entretenir la motivation durant les mois qui vous séparent encore du jour J. En revanche, « suivre l'évolution de ses notes » est moins important que le reste, surtout si les autres objectifs sont atteints.

JE DÉCOMPOSE UN DE MES OBJECTIFS PRIORITAIRES

➜Objectif à atteindre :

....

....

....

....

➜Mes idées :

- ☐ ....
- ☐ ....
- ☐ ....
- ☐ ....
- ☐ ....
- ☐ ....
- ☐ ....
- ☐ ....
- ☐ ....
- ☐ ....
- ☐ ....
- ☐ ....
- ☐ ....

Répertorier

Une fois que vous aurez établi l'ordre de priorité de vos tâches à accomplir pour arriver là où vous voulez, vous n'avez plus qu'à les noter dans vos to-do lists hebdomadaires ou quotidiennes, au fur et à mesure de vos avancées. De cette façon, non seulement vous allez répertorier les dates importantes (rendez-vous immanquables, déclaration d'impôt, anniversaires et autres travaux à rendre), les petites tâches fonctionnelles du jour (faire les courses, prendre un rendez-vous chez le coiffeur, rappeler votre tante), vos impératifs de travail (déplacements, réunions, dossiers à boucler), mais aussi les tâches qui vont vous aider au quotidien à vivre votre meilleure vie (programmer des vacances en famille, passer plus de temps de qualité en famille, se mettre à la salsa, prendre soin de son corps, rencontrer d'autres personnes, prendre des cours de dessin, développer sa créativité, apprendre de nouvelles techniques, monter sa société d'événementiel, devenir son propre patron). **Essayez autant que possible de programmer chaque jour une sous-tâche directement liée à votre meilleure vie** (et pas simplement de la logistique personnelle et professionnelle, même si cela devient envahissant). Si vous avez très peu de temps pour vous chaque jour malgré les astuces données précédemment, je vous recommande :

➧ **Soit d'effectuer une « mini-tâche ».** Exemple : vous devez cette semaine vous inscrire en tant qu'auto-entrepreneur, commencez par trouver le site officiel, puis le lendemain, cherchez comment remplir le formulaire, le surlendemain envoyez vos questions éventuelles, pour finir le dimanche par cliquer sur « valider ».

➧ **Soit,** si vous supportez mal l'idée d'avancer si peu et que vous préférez traiter une sous-tâche en une fois, **de vous réservez 2 heures sur votre week-end quoiqu'il arrive**. Et si, actuellement, vous ne voyez dans votre liste aucune sous-tâche pouvant être exécutée en moins de 2 heures, c'est que vous pouvez décomposer encore davantage : n'hésitez pas à créer de nouvelles sous-tâches !

Exemple : vous avez écrit « rédiger le chapitre 1 de mon livre », vous pourriez la décomposer en « lister quels personnages apparaissent dans ce chapitre », « décrire le lieu de l'action », « me renseigner sur les techniques d'écriture de dialogues », « écrire un premier jet avec le squelette de l'histoire », « revenir sur mon texte et rajouter les descriptions sur le lieu, des traits caractéristiques des personnages »...

Ainsi, si chaque jour qui passe est équilibré, cela devrait vous permettre de gérer votre vie quotidienne, mais aussi de prendre le temps de l'améliorer. Et, au fil du temps, vous vous rapprocherez de votre meilleure vie.

Il existe de multiples façons de s'organiser : on peut faire des listes sur post-it, prendre des notes sur son téléphone, tenir un agenda, suivre un semainier découpé en période ou – une des techniques les plus populaires ces dernières années – tenir un Bullet Journal. Je vais aborder chacune de ces façons de faire et lister les avantages et les inconvénients de chaque technique pour que vous trouviez celle qui vous convient le mieux.

FAIRE DES LISTES

Que ce soit dans un carnet, sur des feuilles volantes ou même des post-it, créer des listes est selon moi une étape incontournable pour une bonne organisation. Cela permet :

➧ de vider son esprit de toutes les pensées parasites (« Il ne faut pas que j'oublie de... ») ;

➧ d'avoir une vision claire de ce que l'on a à accomplir (« Alors... que faut-il que je fasse absolument cette semaine ? ») ;

➧ d'abaisser son niveau de stress puisque l'on sait que tout ce que l'on a à faire est couché sur papier et qu'on ne pourra pas l'oublier (« Oh non ! J'avais complètement oublié ! ») ;

➧ de générer une satisfaction au moment du surlignage ou du raturage de la tâche accomplie, ce qui accroît notre motivation.

Maîtrisez vos listes !

La liste a un pouvoir un tantinet addictif. **Attention à ne pas perdre de temps à lister tout et n'importe quoi.** Établir une liste des rendez-vous à prendre, des courses à faire ou des différentes étapes à franchir sur le chemin de votre réussite personnelle s'avérera utile. En revanche, si vous manquez déjà de temps, je ne suis pas certaine que des listes de livres à lire, de films à voir, de pays à visiter vous soient très utiles (à moins qu'un de vos objectifs pour une meilleure vie consiste à lire plus, développer votre culture cinématographique ou voyager à la découverte d'autres cultures) !

Les points faibles

- Un défaut majeur de cette technique, c'est **qu'elle ne permet pas de prévoir dans le temps.** Vous n'aurez qu'une vision basique de ce qui doit être fait, sans savoir quand le faire. Cette faiblesse s'élimine facilement en rajoutant une technique complémentaire comme l'agenda ou le Bullet Journal.

- Un autre point noir de la technique de la liste, c'est **qu'elle peut carrément virer au cauchemar** si elle s'allonge plus vite que vous n'arrivez à en supprimer les tâches accomplies.

- Dernier scénario catastrophe : vous avez tendance à égarer vos affaires. Il serait dommage de perdre votre post-it ou votre feuille volante qui renferme tout ce que vous devez traiter dans les jours qui viennent…

Mes conseils

Je vous recommande *a minima* de dresser vos listes dans un carnet ou sur votre téléphone pour diminuer le risque de ne plus les trouver. Pour ne pas vous noyer sous les lignes de votre liste, pensez à indiquer à côté de chaque action un « U » pour « urgent » et un « I » pour « important ». Et voici ensuite comment les traiter :

- Si vous estimez qu'une ligne est à la fois « U » (urgent) et « I » (important), elle devient prioritaire sur le reste et devra dans l'absolu être traitée le jour même.

- S'il vous reste du temps pour traiter d'autres tâches, vous devriez passer à celles qui sont marquées « Important » : vous pouvez les planifier et les exécuter.

- Une tâche qui n'est marquée que « U » (urgent) devra être traitée rapidement, mais pourra être déléguée à quelqu'un d'autre, car votre expertise n'est pas requise.

- Autant vous dire que, si vous avez des lignes classées ni « U » (urgent) ni « I » (important), vous ne devriez même pas y toucher… à moins qu'avec le temps, elles remontent dans le classement de vos priorités !

> *« Ce qui est important est rarement urgent et ce qui est urgent rarement important. »*
>
> DWIGHT D. EISENHOWER

Cette technique d'analyse et de gestion du temps qui classe les tâches en fonction de leur urgence et de leur importance s'appelle «matrice d'Eisenhower». Elle vous fera gagner un temps précieux pour le traitement de votre liste !

Les listes sont utiles pour tous ceux qui souhaitent s'organiser. Je recommande de les compléter avec une seconde technique qui permettra de planifier dans le temps les tâches listées.

TENIR UN AGENDA

C'est LA technique que nous avons tous utilisée au cours de nos études. Qui entend encore résonner à ses oreilles : « Ouvrez vos agendas et notez pour la semaine prochaine : devoir à rendre, 4 pages attendues » ? Quelques années plus tôt, on entendait déjà « sortez vos cahiers de texte » : un véritable formatage dès le plus jeune âge ! Vous savez donc comment ça fonctionne, vous en connaissez les avantages et les inconvénients. Mais si tout cela ne vous semble plus très clair dans votre mémoire, laissez-moi vous la rafraîchir un peu.

Généralement, au début de l'agenda se trouvent des pages de géographie, un calendrier annuel, le rappel des dates de vacances scolaires en fonction des zones, ainsi que les jours fériés des différents pays du monde. À la fin de l'agenda, vous disposez de pages vierges pour prendre des notes et d'un carnet d'adresses. Entre les deux réside le principal intérêt de l'agenda : un espace tout prêt dédié à chaque jour. Il vous suffit de choisir la présentation qui vous convient le mieux : un jour par page ou une semaine sur une double page, à la verticale ou à l'horizontale, en format A5 ou en format A6. Vous avez le choix !

Le point faible

L'inconvénient majeur de l'agenda, c'est que la structure est figée : si, à la fin de votre semaine, vous vouliez dresser une liste de tâches à traiter la semaine d'après, vous ne le pouvez pas, car il n'y a pas de page vierge là où vous en avez besoin.

L'agenda est fait pour ceux qui veulent un cadre préfabriqué, quitte à rajouter des post-it par-ci par-là pour s'offrir de l'espace aux bons endroits.

BLOQUER PAR PÉRIODE

Personnellement, j'adore cette technique. Si, comme moi, vous aimiez l'école (oui, ça existe !), la rentrée, l'organisation et les emplois du temps, vous allez être comblé. Le blocage par période consiste à reproduire les semainiers qu'on nous donnait à l'école en bloquant heure par heure notre temps pour des tâches spécifiques.

Par exemple...

LUNDI :

- 6h30-7h30 : Réveil et préparation
- 7h30-8h : Déposer les enfants à l'école

- 8h-8h30 : Trajet bureau + podcast
- 8h30-10h30 : E-mails tombés pendant le week-end
- 10h30-10h45 : Pause café
- 10h45-11h : Préparation réunion
- 11h-12h30 : Réunion
- 12h30-13h30 : Pause déjeuner
- 13h30-16h : Projet en cours
- 16h-16h15 : Pause café
- 16h15-17h15 : Rdv téléphonique
- 17h15-17h30 : E-mails
- 17h30-18h : Travail autre
- 18h-18h45 : Récupérer les enfants à la garderie et retour maison
- 18h45-19h30 : Avancer projet « reprendre le piano »
- 19h30-19h35 : Réchauffer le repas + mettre le couvert
- 19h35-20h15 : Dîner en famille
- 20h15-21h : Douche, pyjama, brossage de dents et soins du visage
- 21h-22h : Série Netflix
- 22h-22h30 : Lecture, puis coucher

Comment ça fonctionne ?

Il suffit de vous munir d'un semainier (version papier ou numérique) et d'y inscrire par bloc ce que vous avez à faire. Cette technique s'applique bien au monde professionnel si vous avez un nombre fini de types de tâches. Exemple : « réunion, e-mail, call, déplacements, déjeuner pro, brainstorming, reporting client », ou alors « préparer la classe, accueillir les élèves, préparer la prochaine sortie scolaire, récupérer les devoirs, suivre l'évolution des élèves, corriger les copies, préparer le stand de la kermesse ».

Les points forts

- L'avantage majeur de cette technique, c'est qu'elle oblige à mesurer le temps dont on a besoin pour effectuer réellement les différentes tâches, qu'elle permet de voir rapidement dans la pratique si on les a bien évaluées (ou pas, et donc d'ajuster à l'avenir), mais aussi d'observer le temps dont on dispose réellement (une fois que l'on retire le travail et la vie de famille, il ne reste plus grand-chose pour soi dans notre exemple précédent).

• Un second avantage qui découle directement de cette technique est que, si votre emploi du temps varie peu en fonction des jours, ou du moins s'il se répète sur plusieurs jours de la semaine, vous allez vous organiser très vite (d'autant plus si vous utilisez une version numérique qui vous permettra de copier-coller d'une semaine à l'autre ce dont vous avez besoin, ou même de généraliser à tous les jours de la semaine de l'année en cours un bloc spécifique, comme vos sessions de sport ou vos soirées lecture).

Le point faible

L'inconvénient qui en découle, c'est que, si votre emploi du temps varie du tout au tout en fonction des jours, vous allez devoir recommencer le processus chaque jour, ce qui va prendre un temps précieux.

Bloquer par période est utile pour ceux dont l'emploi du temps varie peu et qui ont besoin de régularité pour s'épanouir.

LE BULLET JOURNAL

Le bu-quoi ? Le Bullet Journal est la technique d'organisation que j'ai choisi d'utiliser il y a plusieurs années de ça. Si ma façon de faire a évolué avec le temps, je n'ai jamais regretté de m'être renseignée sur le sujet. Cette technique a été conceptualisée par Ryder Carroll. Il la résume comme suit dans son livre *La Méthode Bullet Journal* (Éd. Mazarine) : « Comprendre le passé, organiser le présent et définir le futur. » Je ne peux évidemment pas en parler ici de façon aussi détaillée que lui (il n'a pas écrit un livre entier sur le sujet pour rien !), mais j'espère vous donner envie de vous pencher dessus : c'est une excellente lecture que je recommande vivement à qui souhaite s'organiser.

Comment ça fonctionne ?

En quoi consiste cette méthode qui a révolutionné mon approche de l'organisation et fait passer à mes yeux les agendas pour des outils moyen-âgeux ? Votre Bullet Journal, c'est votre semainier, votre liste de course, votre agenda, vos listes d'anniversaires à souhaiter, vos post-it remplis de choses importantes et urgentes à ne pas oublier, tout ce que vous aimeriez faire, vos listes d'idées et tant d'autres choses. En clair, un Bullet Journal, c'est tous les petits papiers que vous pouvez avoir à droite à gauche, mais réunis en un seul et même endroit ! **Avec cette technique, vous combinez tous les avantages des options précédentes sans leurs inconvénients.**

Et ça change la vie : une liste simple ne vous permet pas de prévoir dans le temps, un agenda n'a pas de flexibilité, le blocage par période ne vous convient pas si votre emploi du temps varie...

Non seulement c'est une technique efficace d'organisation et de réflexion sur nos objectifs de vie, mais en plus, elle est très simple à mettre en place : il vous suffit d'un carnet et d'un stylo !

Grosso modo (et si vous voulez en savoir plus, direction le livre du créateur de la technique), vous avez cinq types de pages basiques à intégrer dans votre **bujo** (surnom donné au **B**ullet **J**ournal) :

➧ une page d'index : pour retrouver des pages spécifiques rapidement au besoin (vous indiquerez le numéro de toutes les pages utiles au début de votre bujo au fur et à mesure que vous le remplissez) ;

➧ une page de légende : pour être homogène quand vous commencez à tenir votre bujo ;

➧ une double page avec l'année en cours : pour avoir une vision d'ensemble de votre futur, mais aussi pour pouvoir inscrire des rendez-vous ou des dates importantes à long terme dans votre carnet ;

➧ puis pour chaque mois :

• une page mensuelle : qui permet d'avoir une vision d'ensemble de votre mois, d'inscrire vos déplacements, les anniversaires ou rendez-vous importants par exemple ;

• une succession de pages quotidiennes (autant que nécessaire) pour y inscrire les jours et les tâches que vous devez traiter à chaque fois.

Bullet Journal 2.0

Si vous êtes minimaliste et que vous préférez aller droit au but plutôt que passer trop de temps sur votre Bullet Journal, la technique classique exposée par Ryder Carroll sera celle qui vous conviendra le mieux.

Si vous avez un côté créatif qui ne demande qu'à s'exprimer et que vous n'êtes pas contre joindre l'utile à l'agréable, vous trouverez sur Internet des centaines de vidéos « *Plan with Me* » (« Planifiez avec moi ») dédiées au Bullet Journal. Sur ma chaîne, j'ai proposé aussi bien des astuces pour les débutants qui souhaitent obtenir un joli bujo sans trop de prise de tête, comme ma version mensuelle suivant une thématique précise (fleurs de cerisier, printemps, espace, dolce vita ou encore cristaux semi-précieux…). Ces bujos plus artistiques, colorés et consommateurs de temps sont un plaisir à regarder, et si vous avez du mal à tenir le vôtre, leur beauté colorée et créative peut vous motiver !

Si vous vous situez entre les deux (vous aimeriez un bujo plus joli mais vous ne voulez pas y passer des heures), des solutions existent : *washi tapes* colorés (scotchs repositionnables en papier de riz) aux motifs plus jolis les uns que les autres, planches de stickers ou encore pochoirs et tampons vous aideront à rendre plus esthétique votre carnet d'organisation en un rien

de temps. Sur ma boutique (laboutiquedemargaux.fr), je propose une multitude de planches de stickers imprimées sur papier recyclé et emballées sous blister biodégradable. Tous les motifs sont inspirés directement de ce que j'ai dessiné dans mon propre bujo, ou sont issus de collaborations avec des illustratrices talentueuses. Je suis en train d'élargir ma gamme pour proposer mes propres *washi tapes*, mon carnet idéal pour bujo (avec notamment un papier de haute qualité à travers lequel l'encre de nos stylos ne fuse pas)...

Personnellement, je conserve mes bujos parce que j'aime parfois m'y replonger : j'ai le sentiment d'ouvrir un album photo qui aurait capturé l'essentiel de mes journées ces dernières années. Nostalgie garantie !

Vous pouvez ajouter à ces pages ce que vous souhaitez (une double page de pense-bête, une liste d'idées de cadeaux pour les personnes de votre entourage, un suivi de votre activité physique quotidienne, une double page de brainstorming sur un gros projet que vous avez besoin de décomposer…), et là où vous le souhaitez (plus de problème type agenda : si vous avez besoin d'une page vierge entre deux jours parce que vous avez des idées d'activités à proposer pour l'anniversaire de votre fille, aucun problème !). Comme le carnet est vierge à la base, vous construisez sa structure en fonction de vos besoins. Il n'y en aura pas deux identiques, puisque chaque Bullet Journal est entièrement personnalisé et répond à votre problématique du moment.

Le Bullet Journal est parfait pour tous ! C'est l'outil idéal pour analyser, apprendre et planifier ; l'instrument clef pour vous aider à vous rapprocher efficacement de votre meilleure vie.

Témoignage personnel

POURQUOI J'UTILISE UN BULLET JOURNAL

Il y plusieurs années maintenant que j'ai commencé à remplir régulièrement mon Bullet Journal. Je m'en sers à différents niveaux : annuellement, trimestriellement, mensuellement, de façon hebdomadaire, mais aussi au quotidien.

➧ ***Annuellement :*** *je planifie mes objectifs dans les grandes lignes, je note les dates clefs du type anniversaires ou deadlines administratives.*

➧ ***Trimestriellement :*** *je décompose mes objectifs en étapes clefs, je me fixe des dates à ne pas dépasser pour les remplir et, surtout, je fais le point pour savoir où j'en suis, trimestre après trimestre.*

➧ ***Mensuellement :*** *je note tous les rendez-vous, les dossiers à préparer, mes idées de vidéos pour le mois, les concours que je peux organiser sur Instagram, toutes les tâches administratives importantes...*

➧ ***Semaine par semaine :*** *je planifie l'ensemble de ma semaine, j'inscris toutes les petites tâches que je dois accomplir pour me rapprocher de mes gros objectifs annuels. Par exemple, si un de mes objectifs est de partir en vacances, je vais chercher la destination qui correspond à la fois à mes envies, à mon budget et à la période destinée à ce voyage. Ensuite, je vais trouver le moyen de transport, l'hébergement et enfin les activités sur place, les billets pour les visites...*

➧ ***Au quotidien :*** *il me sert de to-do list pour ne pas me noyer sous les vagues d'e-mails qui ne sont ni urgents ni importants en comparaison de tâches que je juge essentielles, comme rendre ma comptabilité dans les temps ou ne pas oublier de racheter du dentifrice (je n'aurais rien pour me brosser les dents le soir même), tout bêtement.*

Mon bujo me sert surtout à être totalement sereine. Je sais exactement ce que j'ai à faire et pour quand. Je sais où je vais et comment j'y vais. Je n'ai pas de petite voix qui me chuchote que je suis peut-être passée à côté de quelque chose d'important. Tout est sur papier, là où je ne risque pas d'oublier.

Au départ, mon Bullet Journal était ultra-minimaliste (en noir et blanc uniquement, le nécessaire et rien de plus) ; aujourd'hui, j'aime y être créative et passer plus de temps à le préparer. Cela me fait du bien de crayonner, de réfléchir à une thématique, d'y mettre de la couleur, de lui donner vie. Je suis tellement concentrée sur ma tâche qu'elle m'absorbe entièrement et que j'en perds le fil du temps. J'en ressors systématiquement apaisée. On me demande souvent pourquoi j'y passe tant de temps. Si je persiste à passer chaque début de mois trois ou quatre heures à préparer mon bujo selon une thématique, à dessiner, calligraphier, agencer chaque page à mon goût, c'est parce que cela m'apporte plus que de l'organisation.

Grâce au Bullet Journal, je trouve chaque jour un peu de sérénité. C'est un véritable petit bonheur au quotidien.

Le matériel recommandé

À vous de choisir entre ces deux options... ou entre toutes les nuances qui existent entre les deux !

➧ **Minimaliste...** Un carnet aux feuilles pointillées (plutôt que lignées, quadrillées ou vierges), car cela permet de distinguer des lignes et des colonnes de points qui aident à écrire droit, à aligner facilement et rapidement les textes, tout en conservant une feuille presque vierge de prime abord et sans structure particulière. En bref, c'est le meilleur des mondes ! Et un stylo (de votre choix). C'est tout !

➧ **Artistique...** Votre imagination est votre seule limite ! En plus du carnet et du stylo de la version minimaliste, vous pouvez rajouter des feutres, des crayons de couleur, un crayon à papier, une gomme, du *masking tape*, un stylo blanc, des stylos à calligraphie (pointe fine et/ou pointe large), du papier kraft (à intégrer sous des titres, vous pourrez écrire dessus à la fois en noir, mais aussi en blanc pour un joli contraste), de la colle, des ciseaux, des stickers, de l'aquarelle, des coupures de journaux, de livres, de BD ou de mangas, des fleurs ou des feuilles séchées, du papier cadeau...

LES ALTERNATIVES NUMÉRIQUES

Les versions numériques de ces différentes techniques peuvent être intéressantes si la technologie ne vous rebute pas :

➧ Les listes de notes/rappels : pour les partager entre différentes personnes, les actualiser en temps réel, créer des alertes.

➧ L'agenda numérique : pour toujours l'avoir sur soi et pouvoir supprimer ou déplacer des événements sans avoir à raturer ou gommer.

➧ Le blocage par période : pour dupliquer rapidement des plages entières et programmer automatiquement sur toute l'année la totalité des blocs choisis.

L'inconvénient de ces techniques, c'est qu'il suffit de ne plus avoir de batterie pour être totalement perdu !

Témoignage personnel

LA LISTE DE COURSES PARTAGÉE

J'utilise au quotidien plusieurs listes partagées. Sur l'une des listes, sobrement intitulée « Courses », nous inscrivons avec mon conjoint tout ce qui doit être acheté lors du prochain ravitaillement. Dès que l'un de nous se rend compte qu'il manque quelque chose ou qu'un produit va bientôt nous manquer, il l'ajoute. Dès que des courses sont faites, il suffit de dégainer son téléphone et de cocher les lignes au fur et à mesure de ce que l'on met dans le panier. Il y a beaucoup d'avantages à cette méthode :

- *dès lors que vous prenez bien votre téléphone en sortant, vous n'oubliez jamais votre liste de course ;*
- *on fait de vraies économies, car on achète ce dont on a besoin et rien de plus ;*
- *on gagne du temps : plus besoin de dire à l'autre ce qu'il faut ramener puisqu'il lui suffit de jeter un œil à son téléphone ;*
- *les produits achetés ne s'affichent plus une fois cochés (on ne risque pas de les racheter par inadvertance), mais il suffit d'appuyer sur l'option « afficher les rappels terminés » pour que ceux-ci soient à nouveau lisibles en grisé. À partir du moment où l'ingrédient a été noté une fois, il suffit de le décocher pour le remettre sur votre liste de courses en un clic !*

Au final, c'est un gain de temps, d'argent et une baisse de charge mentale au sein de votre foyer !

Je vous le répète encore une fois ici : organisez-vous pour gagner du temps. Faites des to-do lists, écrivez sur des post-it ou dans votre téléphone, programmez-vous des rappels, tenez un agenda, un Bullet Journal ou un planner. Vous n'oublierez plus, vous serez efficace dans vos tâches (en groupant des tâches similaires ensemble ou bien différentes choses à faire qui appartiennent à une même zone géographique), vous perdrez moins de temps. **Essayez, trouvez ce qui vous convient le mieux et adoptez cette nouvelle habitude qui améliorera votre vie.**

Gagner du temps quand on a du mal à se décider

On a tous été dans cette situation où toutes les options qui s'offrent à nous sont intéressantes, où aucune ne se démarque des autres. Certains considéreront peut-être que leur indécision fait partie de leur caractère : ils ont toujours eu du mal à faire des choix ou à se tenir à leurs décisions. Je pense personnellement qu'avec une astuce simple, tout le monde peut gagner du temps au lieu de chipoter sur la marche à suivre (et concernant votre « personnalité », je me demande s'il ne s'agit pas plutôt de votre démon intérieur qui vous répète que « de toutes façons, je n'ai jamais su… prendre des décisions rapidement ! » Qu'en pensez-vous ?)

Au-delà de peser les « pour » et les « contre » en faisant une liste (aussi bien mentale qu'écrite) et de faire le choix le plus raisonnable, si vous vous retrouvez avec plusieurs options valables ou qu'aucune ne vous satisfait pleinement, voici la marche à suivre pour ne pas perdre votre temps sur un choix épineux : **choisissez au hasard.**

Vous avez bien lu… mais ne vous arrêtez surtout pas là ! Une fois que vous avez choisi au hasard votre action, prononcez-la à voix haute. De cette façon, vous annoncez exactement ce qui vous attend. Immédiatement, observez votre ressenti en écoutant vos paroles : êtes-vous déçu ? Êtes-vous soulagé ? Vous sentez-vous lourd ou léger ? Maintenant, vous connaissez la solution la plus en accord avec vous-même : si vous êtes déçu, alors changez d'option, mais si vous êtes soulagé, c'est que vous avez pris la bonne décision.

À force de vouloir faire des choix parfaitement sensés, on en oublie parfois de s'écouter…

LA DÉTOX DIGITALE

Depuis l'apparition et la généralisation des téléphones, ordinateurs et autres tablettes, la multiplication des applications, l'explosion de contenus disponibles en ligne (YouTube, blog, replay télévisé, sites de vidéos à la demande comme Netflix...), les générations actuelles sont confrontées à de nouvelles problématiques liées à l'univers du digital : nous passons de plus en plus de temps face à des écrans.

70 % des Français vérifient leurs messages toutes les cinq minutes. 78 % se connectent avant de dormir.

Si vous ne pouvez pas vous empêcher de consulter vos notifications dès que vous les recevez, si vous ne coupez pas votre téléphone la nuit, si vous avez du mal à suivre un film ou une conversation sans regarder votre écran, si vous répondez à vos e-mails et textos dans la foulée et, globalement, si vous êtes angoissé quand vous n'avez pas accès à votre téléphone, vous avez tout intérêt à vous pencher sur la question. **Non seulement vous allez gagner du temps en apprenant à vous en détacher, mais vous allez également vous sentir mieux.**

Nous n'avons pas encore assez de recul pour prendre pleinement conscience de l'ampleur de l'impact des écrans sur nos vies, mais les premiers résultats semblent indiquer que leurs effets existent bel et bien et qu'ils ne sont pas tous roses : stress chronique, dépression, crises d'angoisse, obésité liée à la sédentarité, troubles du sommeil, isolement, difficultés de concentration, myopie fonctionnelle, troubles de l'attention et du comportement, ralentissement du développement moteur et mental chez les très jeunes enfants...

Vous êtes paniqué ? Respirez profondément. Si les écrans en excès semblent être mauvais, bien utilisés, ils présentent de nombreux avantages. Ce n'est pas pour rien qu'ils se sont démocratisés si vite à travers le globe. Pour ne citer que quelques points forts à ne pas perdre de vue : nos écrans nous permettent de communiquer de façon quasi immédiate à travers le monde pour un coût relativement modeste ; grâce à eux, en cas de difficulté, on peut appeler un service de réparation, de remorquage ou des secours ; on ne peut plus se perdre dès lors qu'on active notre GPS ; et pour toutes les autres problématiques (y compris l'utilisation en excès des écrans), il existe des applications adaptées (oui, c'est paradoxal).

Témoignage personnel

MAUX DE NUQUE, DE DOS, MIGRAINE ET AUTRES TROUBLES DU SOMMEIL

Depuis que je travaille, je remarque que je suis encore plus souvent devant des écrans. Entre mon ordinateur, mon téléphone et plus récemment ma tablette, j'ai l'impression de ne jamais arrêter... et c'est le cas ! Forcément, quand il s'agit de vos outils de travail (ordinateur : e-mails, montage, recherche et écriture ; téléphone : messages, coups de fil, réseaux sociaux ; tablette : dessin), vous les utilisez régulièrement. Le problème, c'est que je cumule à la fois un problème de surcharge de travail (je peux enchaîner plusieurs semaines sans jour de repos) et une hyperconnexion liée à mon activité.

Vous êtes peut-être dans un cas similaire au mien (j'étais déjà ultra-connectée en tant qu'auditrice financière et j'avoue qu'au fond, j'aimais bien ce sentiment de puissance qui découle du fait d'être au courant de tout, et l'importance que me donnait l'idée d'être « si occupée »). Au bout de quelques mois, les effets se sont fait ressentir : mal au dos et à la nuque (à force de regarder tout le temps vers le bas, là où mes écrans se trouvaient), migraines systématiques en fin de journée (liées aux écrans trop lumineux), troubles du sommeil à cause du stress déclenché par ce-dernier-e-mail-chargé-juste-avant-de-me-coucher. J'ai compris qu'il fallait que je me fixe des limites claires, et aujourd'hui, je me déconnecte une journée par semaine et je mets mon téléphone en mode avion toutes les nuits. Si ce n'est pas encore suffisant à mon goût, je vois déjà une nette amélioration au niveau de mon humeur. Prochaine étape... une vraie détox digitale !

ASTUCE N°16

QUELQUES APPLICATIONS POUR DÉCONNECTER

➧ **Alertes Instagram :** pour les utilisateurs compulsifs de ce réseau et pour ceux qui souhaitent l'utiliser plus consciemment, Instagram propose désormais de recevoir une alerte lorsqu'on dépasse le seuil d'utilisation fixé en amont.

➧ **Temps d'écran (sur iPhone) ou SPACE (sur Android) :** pour avoir une idée précise du temps passé sur nos téléphones, ces applications enregistrent chaque moment où l'écran est actif et analysent sur lesquelles vous passez le plus de temps.

➧ **Offtime :** pour choisir quand votre téléphone vous notifie et qui peut vous appeler sur des plages horaires spécifiques. Par exemple, filtrez les appels pour que seuls votre famille et vos amis puissent vous appeler le week-end, et inversement, au travail, filtrez automatiquement vos appels pour que seuls votre famille proche et vos collègues puissent vous joindre.

➧ **Clean Fox :** pour ceux qui reçoivent beaucoup (trop) de newsletters. En un clic, l'application permet de se désabonner en masse de newsletters encombrantes et de supprimer ses vieux e-mails. Clean Fox indique même la quantité de CO_2 qui ne sera plus générée pour rien.

➧ **Forest (payant) :** pour les amoureux de la nature qui cherchent une application ludique. Lorsque vous avez besoin de concentration, connectez-vous à Forest et plantez une graine. Si, pendant les trente minutes qui suivent, vous ne touchez pas à votre téléphone, la graine deviendra arbre. Dans le cas contraire, elle mourra. « À vous de faire grandir votre forêt numérique ! »

Quelle solution s'offre à vous ? La détox digitale ! Derrière ce terme, un principe très simple : déconnecter totalement et sans exception de tous ses écrans pendant quelques jours. Pour les plus dépendants (comme moi), une coupure d'une journée sera un bon début. Avant de commencer la remise à zéro de vos compteurs et cette prise de recul qui va en secouer plus d'un, prenez les devants et prévenez votre famille et vos amis de votre décision. De cette façon, personne ne se vexera de ne pas avoir de réponse à ses invitations/e-mails/messages. Une conséquence positive ? Vous aurez l'esprit tranquille et aucune excuse pour ne pas vous y mettre réellement !

> *« Chaque instant de notre vie est essentiellement irremplaçable : sache parfois t'y concentrer uniquement. »*
>
> ANDRÉ GIDE

Pour réapprendre à vivre sans vos écrans, faites une liste d'activités potentielles. Au choix on pourra : aller marcher, découvrir une exposition, retrouver des amis pour un verre, inviter de la famille à déjeuner à la maison, se lancer dans un jeu de société, reprendre le dessin, se mettre enfin à lire ce fabuleux tome offert par votre tante à Noël…

LES AVANTAGES D'UNE DÉTOX DIGITALE

Ils sont nombreux :

➧On prend conscience du temps que les écrans occupent dans nos journées (parce qu'on a subitement le temps de faire plein de choses).

➧On se reconnecte à nos envies de découverte, de stimulation, d'aventure ou de calme.

➧On revient au moment présent puisqu'on n'est plus continuellement sollicité par des notifications, appels et autres tweets.

➧ On en revient apaisé, serein et plein de bonne volonté pour limiter l'utilisation quotidienne de nos écrans aux actions de l'ordre du nécessaire plutôt que du réflexe.

Vous êtes désormais équipé pour vivre mieux avec vos écrans. Qu'allez-vous faire ? Une détox d'une journée ? D'un week-end ? D'une semaine durant vos vacances ? Est-ce que vous allez couper votre téléphone la nuit ? Je vous souhaite réellement, si vous êtes anxieux comme moi à cause de votre hyperconnexion, d'avoir ce déclic qui va rendre votre vie plus agréable et vous rapprocher de votre meilleure vie !

Pensez à tout ce que vous allez pouvoir faire avec votre temps libre. Fantastique, n'est-ce pas ?

SIMPLIFIER

Pour gagner du temps, simplifiez. Ce conseil est particulièrement cocasse, car il est bien plus facile de le donner que de l'appliquer. Ce qui est un comble pour quelque chose qui pousse à la simplicité, non ? Quand je vous parle de simplifier, gardez en tête que l'objectif auquel ce conseil fait écho est de gagner du temps, en particulier sur le long terme. En effet, certaines de ces simplifications vont vous prendre un temps monstre, mais une fois que votre nouveau système sera mis en place, vos journées en seront durablement transformées.

Vouloir simplifier c'est bien beau, mais simplifier quoi et pourquoi ? Vous pouvez décider de vivre dans un endroit plus petit, de créer une garde-robe « capsule », de limiter votre impact environnemental en repassant au vélo ou en vous lançant dans le zéro déchet, d'acheter moins mais mieux *via* le minimalisme et bien d'autres choses encore ! Mais pourquoi vous lancer dans ces changements qui touchent à votre style de vie et vous demandent finalement des efforts ?

Il existe de multiples avantages à prendre en considération :

➧ un gain de temps (puisque c'est notre objectif principal) ;
➧ un gain d'argent (on verra pourquoi en détails pour chacun des points mentionnés précédemment) ;
➧ moins de prises de tête (puisque c'est l'objectif de la simplification) ;
➧ le bonheur de vivre selon vos convictions (si elles s'alignent avec une des propositions mentionnées ci-dessus).

Le minimalisme pour les nuls

Derrière ce terme se cachent les notions de simplification du mode de vie, de réduction du nombre de possessions, d'économie d'argent et de temps, et de limitation de son impact environnemental.

Dans une société de consommation qui va toujours plus vite et qui nous étouffe avec toujours plus de produits, ce mode de vie fait de plus en plus d'adeptes. Les aspirants minimalistes estiment que l'accumulation de possessions matérielles n'apporte pas le bonheur, et même impacte dans une certaine mesure notre bien-être.

Certains font le choix de changer drastiquement de vie : vendre (ou donner) la majorité de leurs vêtements, changer de lieu d'habitation, changer de métier, s'éloigner de la société de consommation et vivre de leur jardin, construire leur propre *tiny house* pour quelques dizaines de milliers d'euros et se libérer ainsi d'un emprunt immobilier devenu trop lourd à porter, se passer de voiture personnelle...

Vous n'êtes en aucun cas obligé de vous habiller en noir et blanc, de n'avoir que trente pièces dans votre garde-robe et de vivre dans une *tiny house* pour vous définir comme minimaliste. Chacun suit son propre chemin. Ainsi, la vie minimaliste d'un tel sera différente de la vôtre (tout comme votre meilleure vie sera différente de celle de votre voisin). Prenez ce qui améliore votre vie aujourd'hui et créez vos propres règles. Si vous décidez d'acheter moins de vêtements et de faire du tri dans votre garde-robe façon Marie Kondo, vous êtes déjà minimaliste dans une certaine mesure. Si vous décidez de limiter les emballages en achetant en vrac plutôt que sous plastique, vous commencez votre chemin zéro déchet. Trouvez un point que vous pensez pouvoir changer en mieux (aussi bien pour vous que pour les générations futures) et faites-le.

MARIE KONDO ET AUTRE GARDE-ROBE « CAPSULE »

Le courant le plus en vogue quand on aborde le minimalisme, c'est le phénomène Marie Kondo.

La technique KonMari

Marie Kondo est une Japonaise à l'origine de la technique de rangement et d'organisation KonMari développée dans son best-seller *La Magie du rangement*. Alors que ce livre aborde tous les aspects de la maisonnée (des ustensiles de cuisine aux vêtements, en passant par les livres jusqu'aux papiers administratifs et autres photos de vacances), ce qui semble avoir le plus marqué les esprits est le tri des garde-robes. Des centaines d'articles et de vidéos de personnes qui ont appliqué la méthode KonMari à leur propre penderie ont vu le jour, avec un point commun : cela a amélioré leur vie.

Le principe est simple : si le vêtement que vous avez en main ne vous procure aucune joie, il n'a plus sa place chez vous. En pratique, on dispose la totalité de ses vêtements au même endroit, puis on prend chaque pièce en main l'une après l'autre. Si on n'est pas emballé par l'une d'elles, on la met de côté pour la donner et on la remercie pour son utilité passée (on s'entraîne à éprouver de la gratitude et à ne pas ressentir de culpabilité à mettre de côté un vêtement peu porté). Personnellement, pour faire un tri efficace simplement, je me pose quelques questions qui me parlent plus qu'« éprouver de la joie » :

- Est-ce que ce vêtement est en bon état ?
- Est-ce qu'il est à ma taille/est-ce qu'il me va ?
- Est-ce que je l'ai porté ces six derniers mois ?

Si je réponds « non » à au moins une de ces questions, le vêtement n'a pas sa place dans ma garde-robe. Si vous êtes un peu refroidi par cette façon de faire, vous pouvez vous contenter dans un premier temps de passer en revue les vêtements de la saison pour limiter le temps passé sur le tri ou les crises d'angoisse parce qu'« on sait jamais, je vais peut-être en avoir besoin ! » (on est tous passés par là, mais si vous ne l'avez pas porté ces six derniers mois, il est peu probable que vous le portiez un jour…).

Et souvenez-vous : on achète en moyenne 60 % de vêtements de plus qu'il y a quinze ans, mais on les porte deux fois moins longtemps…

La garde-robe capsule

Dans un second temps, certains choisissent de combiner cette étape de tri avec la création d'**une garde-robe dite « capsule » composée traditionnellement de trente-sept pièces au maximum** (hors pyjama, maillot de bain, sous-vêtements, chaussettes, tenues de sport et autres accessoires).
➧ Pendant une saison entière, on se contentera de ces trente-sept pièces au quotidien, sans acheter quoi que ce soit de plus.
➧ Quelques semaines avant la fin de la saison, on passe tout en revue, on écarte les pièces qui n'iront pas pour la saison suivante (pas assez chaudes ou, au contraire, trop couvrantes, trop usées...).
➧ Vient le moment de ressortir les vêtements que l'on avait stockés hors de notre vue (car ils ne correspondaient pas à la saison) et de passer au crible ce que l'on a déjà pour éviter d'acheter un énième t-shirt blanc en coton ou un jean noir. On fait une liste des pièces nécessaires pour compléter sa prochaine capsule.
➧ Il ne restera plus qu'à trouver les toutes dernières pièces manquantes.

C'est une première étape intéressante pour ceux qui ont peur de se séparer de vêtements et de les regretter plus tard : si, à la fin de l'année, vous vous rendez compte que vous n'avez absolument pas eu besoin de certaines pièces que vous aviez gardées, et même que vous aviez oublié leur existence, c'est qu'il est temps de les donner !

Les avantages de ces deux méthodes

En combinant ces deux méthodes, vous obtiendrez :
➧ **un gain d'argent** : le compte en banque se regarnit depuis qu'on fait moins de shopping, les vêtements sont moins nombreux, mais de meilleure qualité et durent par conséquent plus longtemps ;

➧ **un gain de temps** le matin puisque vous pouvez voir l'ensemble de votre garde-robe en un clin d'œil, mais aussi parce que (presque) tous vos hauts vont avec chacun de vos bas. Vous gagnerez du temps également pour le rangement de vos vêtements (qui dit moins de vêtements, dit moins de rangement !) ;
➧ **un gain d'espace** en vous séparant de certains vêtements (et peut-être même que vous avez pu retirer une grosse commode et récupérer quelques mètres carrés de votre chambre ?) ;
➧ **un geste positif pour l'environnement** (moins de consommation implique moins de pollution liée au transport de marchandises et à l'énergie consommée par les usines, moins de fibres dérivées du plastique qui finissent dans les océans...) ;
➧ **un geste social** : faites don des vêtements en bon état que vous n'allez plus porter à des associations, soutenez des marques plus éthiques qu'auparavant sur les conditions de travail...

LIMITER SES ACHATS

Dans la même veine mais appliqué à un plus large spectre, le minimalisme poussé un peu plus loin ne consiste pas seulement à se séparer du superflu, mais aussi à limiter sa consommation. Ainsi :
➧ On évitera d'acheter une énième robe noire ou paire de baskets.
➧ On pensera aussi à limiter le gaspillage alimentaire en consommant ses achats avant leur date limite ou en n'achetant que ce dont on a besoin.
➧ On investira dans des produits durables (soit réutilisables, comme des disques de coton lavables qui sont économiques et écologiques sur les moyen et long termes, soit de meilleure qualité pour ne pas avoir à les remplacer trop rapidement).
➧ On choisira de ne pas remplacer son véhicule si on habite une grande ville dotée d'un bon réseau de transports en commun ou si notre conjoint en possède déjà un. Si on ne se sent pas prêt à se séparer de son véhicule personnel, on choisira peut-être un véhicule électrique (qui est plus économique et écologique sur le long terme, mais également moins bruyant).

ASTUCE N°17

LIMITER FACILEMENT SES DÉCHETS

1) REFUSER

Fini les journaux gratuits, les tracts et autres publicités qui s'empilent chez vous. Refusez aussi les *goodies*, ce n'est pas de la qualité, vous n'en avez pas besoin et ils vont prendre de la place dans votre maison pour finir dans votre poubelle.

2) PASSER AU NUMÉRIQUE

Si vous êtes un grand consommateur de presse écrite, il est temps pour vous d'envisager de passer au numérique. De nos jours, tous les grands journaux existent en e-version. Cette astuce est également valable pour les magazines. À la clef : une économie de papier, d'encre et de place chez vous, puis dans votre bac de recyclage.

3) CHANGER DE MARQUE

Chaque année, 8 millions de tonnes de déchets plastiques finissent dans les océans et 4,7 milliards de brosses à dents non dégradables sont jetées et terminent dans des décharges ou les océans. Alors remplacer sa brosse à dents en plastique par une brosse 100 % biodégradable en bambou, ça fait une sacrée différence (et ça nettoie tout aussi bien) : à raison de quatre brosses à dents par an et par personne, ça va vite ! On peut aussi passer des cotons-tiges à leur équivalent en bambou réutilisable à vie (il suffit de le nettoyer après usage et de prendre le coup de main), prendre un *tote bag* plutôt qu'un sac plastique pour ses courses, remplacer ses bouteilles plastiques par une gourde en métal (certaines permettent en plus de tenir 24 heures au froid et 12 heures au chaud), avoir des pailles en bambou ou en métal pour éviter celles en plastique, ou simplement demander sa boisson sans paille…

4) PASSER AU SOLIDE

Après la brosse à dents, le dentifrice… Combien de tubes vide-t-on par an ? Combien seront recyclés ? Il existe des dentifrices solides et rechargeables : ils sont efficaces, compacts, pratiques et laissent l'haleine tout aussi fraîche que nos dentifrices classiques, sans huiles essentielles pour les enfants, les femmes enceintes ou allaitantes. On peut aussi mentionner les shampoings solides, les baumes hydratants solides pour le corps et les savons qui sont traditionnellement solides. Leurs emballages sont généralement recyclables, compostables ou même réutilisables.

5) UTILISER DES PRODUITS LAVABLES

Vos cotons à démaquiller sont en partie responsables de 25 % des insecticides et de 10 % des pesticides épandus dans le monde. En passant aux cotons lavables, on économise de l'argent, on limite ses déchets et on évite la production et la dispersion de produits nocifs pour l'environnement. Personnellement, j'en ai acheté une vingtaine et je tiens une semaine sans problème avec. À la fin de la semaine, je les mets dans un filet, je les passe en machine avec le reste de mon linge et ils ressortent comme neufs ! On peut également remplacer les mouchoirs en papier par des mouchoirs en tissu, l'essuie-tout par des tissus absorbants, les tampons et autres serviettes hygiéniques par une coupelle menstruelle, des serviettes lavables ou des culottes de règles…
Rappelez-vous que la majorité des options zéro déchet sont plus économiques sur le long terme en plus d'être meilleures pour l'environnement !

OPTER POUR UN ESPACE PLUS PETIT *(TINY HOUSE)*

Si vous avez déjà fait du tri dans vos possessions matérielles, que vous limitez votre consommation à vos besoins ou à de réelles envies (mais pas à de simples pulsions qui disparaissent au bout de quelques semaines), il est peut-être temps pour vous de passer à l'étape suivante : vivre dans un espace plus petit.

Observez votre chez-vous : est-ce que vous utilisez tous les espaces au quotidien ? Est-ce que vous passez clairement plus de temps dans certaines pièces ? Est-ce que vos armoires ont cédé du terrain depuis votre tri vestimentaire ? Est-ce que votre garage est devenu trop grand depuis que vous avez vendu une de vos deux voitures et que vous êtes passé au vélo pour les petits trajets du quotidien ? Est-ce que vous en avez assez de perdre autant de temps en ménage et en rangement ? Est-ce que la facture de chauffage commence à être trop lourde ? Est-ce que votre emprunt immobilier ou votre loyer pèse trop dans votre budget mensuel ? Est-ce que vos enfants sont partis de la maison et leurs chambres restent désormais vides ?

Si en lisant ce dernier paragraphe vous réalisez qu'effectivement toute cette place n'est plus nécessaire ou qu'elle pourrait être utilisée autrement, vous savez ce qu'il vous reste à faire !

Le phénomène des *tiny houses*

Originaire des États-Unis, la mode des *tiny houses* (ou « maisons minuscules ») est devenue un véritable mouvement social : de plus en plus de gens choisissent d'habiter dans des logements plus petits, de vivre avec moins, mais de vivre mieux. Avec une moyenne de 17 m^2 par *tiny house* (elles varient de 9 à 40 m^2 au maximum), ces maisons minuscules sont très souvent imaginées et construites directement par leurs propriétaires. Si ces personnes décident de vivre dans des espaces si petits, c'est que les avantages sont en réalité nombreux :

- Accès à la propriété à coût réduit (en moyenne, une *tiny house* coûte à peine 20 000 euros si son propriétaire la construit).
- Emprunt réduit ou sans.
- Charges réduites (petite surface à chauffer et à éclairer, assurance plus faible, coût du terrain réduit).
- Liberté financière plus importante (beaucoup de propriétaires de *tiny houses* adoptent ce type de logement dans le but de mettre de côté pour leur retraite, pour l'éducation de leurs enfants – le système scolaire américain est très cher – ou pour pouvoir voyager).
- Impact environnemental réduit.
- Possibilité d'exploiter une plus grande surface de son terrain et de se nourrir au moins partiellement de sa terre.

- Possibilité de déplacer son logement facilement (la plupart des *tiny houses* sont construites sur roues et peuvent donc bouger au besoin, ainsi on peut vendre son terrain tout en gardant sa maison).
- Gain de temps en nettoyage et rangement (imaginez n'avoir qu'une pièce de 17 m^2 à entretenir...).

Vous voudriez vivre l'expérience en louant une *tiny house* avant de vous lancer dans l'aventure ? Vous en trouverez facilement un peu partout dans le monde : une expérience insolite, et pourquoi pas le début d'une nouvelle aventure à votre retour de vacances.

> *« Ce qui importe le plus n'est pas tant le fait que nous ayons vécu. C'est la différence que nous avons faite dans la vie des autres qui déterminera le sens de la vie que nous avons menée. »*
>
> NELSON MANDELA

À qui ces conseils de simplification sont-ils destinés ? À ceux qui ne savent pas comment s'habiller alors que leur armoire déborde de vêtements, à ceux qui ont le sentiment d'étouffer sous les possessions matérielles, à ceux qui constatent qu'accumuler ne les rend pas plus heureux mais plus anxieux, à ceux qui veulent subir moins de stress financier, à ceux qui en ont assez de ranger tout le temps leurs affaires, à ceux qui veulent faire un geste pour l'environnement…

En simplifiant ses habitudes de consommation, on économise du temps et de l'argent. On évite au passage quelques crises de nerfs, sans oublier que l'on réduit notre impact environnemental. En bref, on améliore sa vie, mais aussi celle d'autres personnes, tout en préservant la planète.

CONCLUSION

Vous avez, au cours des précédents chapitres, fait le plein d'inspiration. Vous savez maintenant à quoi ressemble votre meilleure vie, vous êtes motivé comme jamais et vous avez les outils pour le rester malgré les épreuves et les difficultés de la vie. En chemin, vous avez identifié les chenilles et autres moustiques de votre vie, vous vous êtes décidé à arrêter de fumer ou à vous mettre au sport, vous avez également trouvé des façons d'améliorer votre organisation (vive le Bullet Journal !), vous avez optimisé votre emploi du temps pour qu'il réponde à vos besoins et s'adapte au mieux à vos projets, et enfin, vous avez fait un pas vers une simplification de votre vie.

J'espère sincèrement vous avoir aidé dans votre recherche d'une meilleure vie, que ce soit sur un point précis uniquement (un meilleur sommeil, l'impact environnemental, l'équilibre de la charge mentale dans votre couple, vous lever plus tôt, tester la méthode KonMari sur votre penderie...) ou bien sur un ensemble de notions. Ce sera toujours ça de pris. Je vous invite à relire tranquillement certains passages pour mieux les assimiler. Prenez votre temps.

Tout comme en apprenant à s'aimer soi-même, on en vient à mieux aimer les autres, apprendre à s'aider, c'est aider un peu les autres aussi. **Vivre sa meilleure vie, c'est donner le meilleur de soi, devenir une meilleure version de soi-même et participer chacun à sa façon à rendre meilleur le monde qui nous entoure.** Ainsi, si vous estimez déjà vivre votre meilleure vie, pourquoi ne pas chercher à distribuer un peu de votre joie de vivre ? Tournez-vous vers vos amis, votre voisinage ou des associations. Soyez bienveillant envers vous-même, mais aussi envers les autres : aidez un inconnu à traverser la rue, laissez passer cette personne devant vous à la caisse, ayez un mot gentil, ne supposez pas le pire…

Ne vous mettez pas trop de pression, faites les choses tranquillement, les unes après les autres, sans vous angoisser. Un vaut mieux que zéro, toute amélioration sera une victoire, aussi insignifiante vous semble-t-elle. On n'a qu'une vie, alors n'oubliez pas d'être heureux, vivez-la comme vous le voulez, remplissez-la d'amour et de rire, faites le plein de souvenirs et d'aventures à raconter (aux autres ou à vous-même !). Vivez à fond, soyez heureux, créez-vous votre meilleure vie. Et une fois arrivé au bout de cette grande aventure, n'ayez aucun regret.

Notre vie est ce qu'on en fait.
Et vous méritez ce qu'il y a de mieux.

Vivez votre meilleure vie !

REMERCIEMENTS

Avant tout, je remercie l'ensemble de mes abonnés sur les réseaux. Ils m'ont fait comprendre qu'on a tous quelque chose à offrir et que, parfois, vivre sa meilleure vie, c'est aider les autres.

Merci à toi (oui, toi qui tiens ce livre actuellement entre tes mains) d'avoir pris le temps de me lire jusqu'au bout et de m'avoir fait confiance dans cette étonnante aventure. Si tu souhaites témoigner de tes déclics, de tes aspirations enfouies ou partager ta lecture avec d'autres personnes, n'hésite pas à me mentionner sur les réseaux (#vivresameilleurevie @margauxstips), je passerai te dire bonjour si je vois ton message.

Je remercie mon arrière-grand-mère Paulette (alias Manin), ma grand-mère Éliane (alias Mayanne) et ma mère Sylvie (alias Maman) d'avoir accepté, avec leur enthousiasme et leur confiance habituels, de témoigner de leur vécu, de leur regard et de l'influence de leur époque. Je les remercie par ailleurs d'être simplement là à mes côtés et de m'avoir autant appris sur la vie, chacune à sa façon, à coup de gentilles boutades, de conseils avisés et d'une bienveillance constante.

Merci à Jean-Jacques, Antoine et Jules, mes super-héros de toujours.

Merci à William de m'avoir supportée au cours des dernières semaines d'écriture (désolée !), de m'avoir nourrie et de m'avoir toujours soutenue, y compris dans ce projet.

Et merci à la vie d'être si douce.

Crédits photographiques

© **Anne Lemaître :** photos p. 9, 23, 49, 52, 63, 69, 71, 78-79, 83, 85, 93, 98, 104, 128, 141, 147, 162, 164, 176, 179, 190, 193, 195, 200, 202, 221.

© **William Van de Walle et Margaux Caput :** photos p. 12, 15, 18 (gauches et milieu), 20, 27, 28, 31, 32, 36, 38, 39, 41, 42, 45, 47, 54, 61, 64, 77, 86, 96, 106, 114, 119, 121, 123, 134, 156, 157, 158, 160, 175, 206, 209, 223.

© **Shutterstock** / © UldisZile, p. 18 (droite) / © paulmichaelNZ, p. 113 / © Lia_t, p. 126 / © Photographee.eu, p. 132 / © Tolikoff Photography, p. 137 / © New Africa, p. 150 / © Min C. Chiu, p. 154 / © zakalinka, p. 166 / © Elena Veselova, p. 171 / © Unuchko Veronika, p. 187 / © Marina_D, p. 208 / © Oleksandra Naumenko, p. 210 / © Ariel Celeste Photography, p. 216-217.

PAPIER À BASE DE FIBRES CERTIFIÉES

LAROUSSE s'engage pour l'environnement en réduisant l'empreinte carbone de ses livres. Celle de cet exemplaire est de : 1,5 kg éq. CO_2 Rendez-vous sur www.larousse-durable.fr

Les Éditions Larousse utilisent des papiers composés de fibres naturelles, renouvelables, recyclables et fabriquées à partir de bois issus de forêts qui adoptent un système d'aménagement durable. En outre, les Éditions Larousse attendent de leurs fournisseurs de papier qu'ils s'inscrivent dans une démarche de certification environnementale reconnue.

Photogravure : IGS

Imprimé en Espagne par Egedsa

Dépôt légal : septembre 2019

323177/02 - 11043148 - octobre 2019